ÉTRENES

AUX GENS D'ÉGLISE,

OU LA

CHANDELLE

D'ARRAS.

POËME HÉROÏ - COMIQUE.

EN XVIII. CHANTS.

..... Sunt quædam mediocria , funt mala plura
quæ legis : aliter non fit , Avite , Liber. MART.

par le même Laurent

Dulaurent

A ARRAS,

AUX DÉPENS DU CHAPITRE.

M. DCC. LXVI.

LES
PHILOSOPHES
LAPONS,
ÉPITRE
DEDICATOIRE
A MONSIEUR
DE VOLTAIRE,
COMTE DE FERNEY.

M*ONSIEUR*,

J'ÉTOIS à Conſtantinople quand j'eus
l'honneur de vous dédier mon premier
Poëme. Quelque-temps après je quittai
cette Ville, je paſſai par la petite Tar-
tarie, à Novogrod, à Moſcou, à
Kargapol, de là j'entrai dans la La-

ponie Moſcovite. Les Lapons couraient
alors ſur la neige , avec autant de mauvais goût & de fureur , que tout Paris
courut à la ſoi-diſante Tragédie du Siege
de Calais , * que les ſots ont trouvé ſi
belle.

JE tombai dans une Horde qui parlait
Français. J'y vis jouer votre Piece de
l'Ecoſſaiſe , elle plut infiniment à ces
Peuples à cauſe des mouches qui les incommodent. Ils virent dans le caractere
de votre Frélon , la méchanceté de leurs
mouches. Qu'ils s'amuſerent délicieuſe-
ment , Monſieur ; en voyant écraſer le
Waſpe de l'Ecoſſaiſe !

JE paſſai les nuits perpétuelles de ces
climats dans des converſations à peu près
philoſophiques ; elles n'étaient pas , à
vous dire vrai , auſſi parées que celles
de notre Frere Jean Jacques : mais , aux
ſophiſmes près , les Lapons étaient auſſi
Philoſophes ; cependant le croirez-vous ?
ils n'avaient point lu les Anciens , éduqué
les belles filles du Vallais , ni ſervi la
Meſſe des Prêtres Savoyards.

Dans mes converſations avec les Lapons , je leur demandais : Ne mettez-
vous point en priſon ceux qui font des
vers ? Ne les banniſſez-vous point de vos

---

* Par Debelloy.

Hordes ? Ne faites-vous point des diver-
tissemens d'Autodafé de ceux qui raison-
nent ? Nous ne tuons personne , me
dirent ces bonnes gens, nous ne connais-
sons pas encore l'assassinat , nous n'avons
point de loix qui défendent d'assassiner ,
ni de point d'honneur qui nous oblige à
nous assassiner. Etonné du mauvais ton
de ces Peuples , je m'écriai : comment ,
malheureux ! vous n'avez point de Ma-
réchaussée , vous ne connaissez point
Emery , qui est un grand homme : le
Bourreau de Paris , qui est un grand
homme : M. le Lieutenant de Police , qui
est un grand homme : & les Tuteurs de
nos Rois , qui sont de grands hommes.
Ces gens ne m'entendaient point. Vous
êtes bien barbares , leur dis je : comment
barbares ? est-ce à cause que l'assassinat
& l'injustice nous sont inconnus , que tu
nous traites ainsi ? Frere, nous valons
mieux que toi. Nous ne portons pas à
trente ans les marques de notre inconti-
nence ou de notre caducité , nos cheveux
ne blanchissent point , le ruban d'or ne
se retire point , & nous poussons notre
carriere par delà les cent ans. L'avantage d'exister cent ans , vaut bien celui
de tes assassinats & d'être les Tuteurs de
tes Rois ; tu vis rapidement , nous autres lentement ; & si l'insecte qui n'existe

qu'un moment est heureux , par le plaisir
qui anime sa poussiere , combien le sommes nous davantage , puisque notre poussiere dure plus long-temps que la tienne.

JE visitai plusieurs Hordes de ces
Peuples. La premiere était instruite de la
sainte Religion Romaine , & l'observait
comme les honnêtes gens de Paris & de
nos grandes Villes. Je passai dans une
autre , dont la croyance stupide me parut
fort ancienne : ils me présenterent la lé-
gislation d'un certain Meslin , dont ils
racontaient des choses merveilleuses ,
ils me montrerent mêmes les affiches pour
la Province , dont Merlin avait composé
un partie après sa mort. Je ne puis con-
cevoir comment des hommes sensés se
repaissaient depuis si long-temps de pareilles ch..neres , & pourquoi ils se bat-
taient les uns contre les autres pour se
persuader ce qu'ils ne pouvaient conce-
voir.

Les loix de Merlin n'ont point un caractere de divinité , ni ..n qui puisse sa-
tisfaire la Vérité ou un Philosophe.

La femme , dit-il , qui aura ses.....
sera impure : pourquoi le Dieu de la
Nature trouverait-il impur ce qu'il a
fait ? Est on impur pour avoir de la
barpe au menton ? Pourquoi ajouter à
cette impureté ridicule ; que si dans ce

temps critique, Madame s'assied à la Cour sur un tabouret, le tabouret sera impur : si son Excellence Madame la Duchesse, touche un service de porcelaine de Saxe, la porcelaine de Saxe sera impure, il faut casser la porcelaine.

Vous ne médirez point des Dieux étrangers. Cette rubrique était bien politique : si elle venait de l'Etre suprême, elle prouverait que tous les cultes lui sont indifferens jusqu'à l'idolâtrie : si cette loi ne vient que de la politique de Merlin, elle décele la prudence du Législateur & l'intérêt de conserver son culte en respectant celui d'autrui.

QUAND vous ferez vos ordures vous-cacherez comme les chats. J'ai toujours admiré cette propreté & cette pratique dans les chats, & surtout dans le barbouillage de Merlin.

Vous n'ordonnerez point de Prêtres qui aient le nez court où le nez tors : je veux des nez droits comme la rue de Richelieu. Un grand nez sur une face Sacerdotale fait plaisir. Le Dieu que j'adore *est le Dieu au long nez*. Vous n'admettrez pas les châtrés à la Prêtrise, je n'aime point les châtrés, parce que les femmes ne les aiment pas : il faut toujours être du goût des Dames.

Vous ne mettrez pas un bœuf avec un

âne pour labourer la terre , quoique ce couple mal afforti faffe votre befogne. Cet arrangement me deplaît , en revanche , vous pourrez marier un homme de foixante & dix ans avec une fille de quinze , cela me paraît afforti , & moins conféquent que d'unir le bœuf & l'âne pour cultiver vos terres.

Si une Vierge violée n'a pas ciié vous la ladiderez , fi elle a crié elle ne fera pas lapidée ; que les filles faffent attention quand on voudra les violer dans les bois ou à l'écart , de dire à leur amoureux : finiffez s'il vous plaît.... j'appellerai ma mere..... je vous cracherai au nez. Cette loi n'était point difficile à remplir : il n'y avait qu'à crier tout bas.

Un homme qui aura époufé une méchante femme , une diableffe , une Madame hunefta , pourra la renvoyer , & bien fait à lui. Si cette femme paffe dans les bras d'un autre , le fecond mari la gardera : s'il la répudie ou la renvoie , il fera pendu. Merlin ne raifonne pas. Le fecond mari a les mêmes fujets de plaintes que le premier. Pourquoi n'a-t-il point le même droit ?

Les pendus ne refteront point accrochés au gibet , on les ôtera le même jour : parce que tout ce qui *eft pendu à l'arbre eft maudit.*. Merlin avait des attentions pour les pendus, que cette loi eſt petite !

Sɪ la fille d'un Prêtre fait un enfant, elle ſera brûlée. Cette loi eſt violente. La fille d'un Prêtre a autant de faibleſſe que celle d'un Laïque. Cette loi eſt contre la nature.

Vous ne porterez point d'habit de deux couleurs, je n'aime pas la bigarure. Vous ne couperez point vos cheveux en rond, vous ne vous raferez point la barbe. Que tout cela eſt mince pour un Etre auſſi grand que Dieu !

Un jeune marié n'ira point à la guerre, ne fera aucune fonction dans l'Etat la premiere année de ſon mariage, pour lui laiſſer le loiſir de ſe *gaudir* avec ſa Margoton. Cette loi eſt un bon conſeil qu'un Poëte célebre a donné un peu trop tard à un Saint Roi.

Cᴇʟuɪ qui compoſera du Galbanum pour en ſavourer l'odeur ſera mis à mort ; le Galbanum eſt pour mon nez ſeul, je ſuis jaloux du Galbanum.

Sɪ une chauve ſouris, un rat tombent ſur votre four, vous ferez démolir le four parce que ce four eſt impur. Que cela eſt beau !

Sɪ votre pot au feu n'a point de couvercle, *ipſo facto* il ſera impur, il faudra rompre le pot au feu : celui qui ne couvrira pas ſon pot au feu ſera impur. Ce commandement eſt bon pour la ſoupe.

CES loix ne difent rien au cœur ni à
l'efprit, & n'apprennent point aux hommes à être meilleurs : l'Etre fuprême pou-
vait-il faire de pareilles niaiferies.

UNE troifieme Horde me fembla plus
extraordinaire, elle était oppofée à tous
les Chefs de Religion, qu'elle traitait de
fourbes, d'impo.,.,, felon la coutume
ancienne & charitable des Religions, de
s'infulter les unes & les autres. Un Lapon
de cette Horde éclairée, me dit, je ne
fais pourquoi l'on brûle tant de livres en
France ? Pourquoi les Hollandois, qui
veulent auffi faire les grands garçons,
brûlent auffi les livres ? Pourquoi les petits
Prédicans de Geneve, qui font auffi les
entendus, brûlent auffi les livres ? Pourquoi l'Archevêque de Paris, qui n'eft
point du tout entendu, brûle auffi les
livres ? on ne voit qu'incendie & malheur
dans ton Europe éclairée. On nous affure
ici qu'on fait tous ces feux d'artifice pour
ta Religion, il faut donc que ta Religion
foit bien méchante ou bien craintive.

JE voudrais favoir, continua le vieux
Lapon, quelle eft cette Religion pour
laquelle les fots ont brûlé tant d'hommes
autrefois, & pour laquelle on brûle encore tant de livres aujourd'hui. Nous rai-
fonnons quelquefois en Laponie, parce
que la raifon eft comme l'Etre qui nous

a créé, une & point trois. Le premier homme qu'on devait brûler a été incontestablement le premier qui a eu l'audace de dire aux autres hommes, qu'il avait parlé à Dieu, qu'il avait vu le derriere de Dieu, qu'il était le bien aimé de Dieu & l'envoyé de l'Eternel. Assurément Mahomet méritait un Sanbénito, si les Jacobins avaient pu l'attraper; mais Mahomet était trop sage pour se mettre de la Confrairie du saint Rosaire.

Tous les inventeurs des Religions, pour n'être crus de personne, ont pris la sage précaution de heurter le sens commun & la raison, car tous leurs Systêmes dégradent la Vérité & le Créateur. En regardant la lumiere, il est aisé de voir qu'un Etre supérieur s'est peint dans ce grand univers, qu'il a donné à tous les êtres qui l'habitent un instinct propre à les conduire.

L'INSCTINT ou la raison, est une lumiere que Dieu nous a donné pour nous mener à nos fins & remplir le miracle de notre création. Cet instinct est comme une chandelle dans une lanterne, qui donne plus ou moins de clarté à mesure que la corne, le verre ou la toile sont plus nets. Les animaux ont la même chandelle que les hommes, mais elle donne moins de clarté à cause que leurs organes sont moins déliés & moins nets que les nôtres : cependant cette clarté est proportionnée au besoin qu'ils ont de remplir comme nous les desseins de la création.

LES animaux n'ont point d'autre Religion que celle de l'instinct ou de la chandelle qui les conduit sûrement à leur fin. Dieu n'a parlé aux hommes & aux bêtes que lorsque sa Toute-puissance leur donna l'être. Voilà la révélation que la Nature & l'homme ont dû écouter.

TOUS les êtres sont les enfans de Dieu, & dès qu'il les a créés, ils doivent tous également intéresser sa tendresse. Un chat, un chien, un rinoceros, un âne, un Archevêque de Paris, un Capucin du Fauxbourg S. Jacques, un huître sont ses créatures, ses enfans, il les aime tous d'un amour d'égalité, s'il aimait davantage un chat qu'un chien, un homme qu'un ciron, il m'ôterait l'idée que j'ai de sa justice. L'amour de préférence est un vice dans la créature. Je crois que tu n'es pas assez bête pour le recevoir dans le Créateur ; autrement il faudrait te lier.

EFFRAYÉ des mauvais raisonnemens du Lapon, je lui dis : je vois bien que vous ne connaissez pas les bons ni les mauvais livres. Comment, ne savez-vous pas que l'homme est fait à l'image de Dieu, & que les animaux sont fait à
l'image

l'image de rien ? Que l'homme s'éleve jufqu'à Dieu & fe rend quelquefois femblable à lui. Qu'appelles-tu fait à l'image de Dieu & femblable à lui ? Tu es plus bête que les Rennes qui nous traînent fur la neige. Le ciron, le cloporte n'ont-ils pas le même droit en leur qualité d'enfans de Dieu & comme tes freres, de fe dire auffi faits à fon image ? conviens avec moi que la diftance de Dieu à toi, ou de Dieu au cloporte eft la même. Vois fi ton frere aîné le cloporte, car les animaux, à ce que tu dis ont été fait avant toi, ne peut point également fe flatter d'être l'image de fon Créateur auffi bien que toi ; tu lis avec le flambeau de l'amour propre dans tes livres, laiffes tes livres, ne confulte que celui de la Nature : il eft ouvert à ton intelligence, c'eft le feul que tu dois lire, & tu ne le lis point.

Dis-moi, continua le Lapon, comment peux-tu avoir tant d'orgueil, croire à tes idées, quand au milieu de mille & mille efpeces de créatures forties du fein du même pere, une feule veut avoir une Religion à fa mode, contraire ou tout au moins étrangere à la Nature dont toutes les efpeces obfervent fi inviolablement les loix. N'eft-tu point infenfé de croire des finges préfomptueux & pétulans, qui femblables aux Titans de la fable veulent

b

rejetter la loi éternelle que Dieu leur à
donné pour fuivre l'Ecriture des hommes
& les fonges de Merlin.

TOUJOURS étonné de la mauvaife logique du Lapon ; je lui dis : /cette vie eft
un paffage à une vie meilleure , le monde une anti-chambre où il faut nous en-
nuyer , nous manger , nous dévorer fouvent avant que d'entrer dans la gloire.
Bon , répondit le Lapon en fouriant ; je
vois d'ici l'Ifle de Robinfon ; c'eft pour les
parfaits , dis-tu , qu'on a bâti ton féjour
éternel de gloire ? Crois-tu que l'homme
foit la plus parfaite de toutes les créatures , voilà une de ces croyances imperti-
nentes qui gâte ton monde policé. De tout
ce qui exifte je ne vois rien de moins par-
fait que l'homme. Si l'Ange Gabriel aida
Mahomet à compofer fon Roman du
Paradis , il devait au moins deftiner ce
lieu de délices aux chiens plus dignes de
récompenfe que toi. Quel caractere de
bonté dans cet animal ! Quel oubli des
offenfes ! on le frappe , on l'appelle , au
moment il vient avec tranfport baifer la
main qui l'a frappé. Tes Dervis font ils
capables de cette charité ? Le Mouphti
voudrait-il fuivre cet exemple ? Il le prêche & fait le contraire.

MAHOMET remplit fon Paradis de belles Ouris aux yeux bleus , de brûlans Sé-

raphins ; il faut bien des ingrédiens comme tu vois , pour te rendre heureux , il ne faut point tout cè tintamarre aux chiens ; des os , du pain , de l'eau , une femelle , les voilà contens. Si ta récompense est le fruit du mérite , oserois-tu militer avec le chien ? il vaut mieux que l'homme. La bonté de son cœur doit effrayer la méchanceté du tien.

LAS d'écouter cet homme qui déraisonnait si profondément , je passais dans une Horde où tout le monde se déchirait à belles dents, se persifflait, *s'épigrammatifait*: c'était des auteurs Lapons. En entrant un Poëte me demanda, si j'aimais la Poësie? Non, lui dis-je, je n'ai point de goût pour les vers , lorsque j'en rencontre dans un livre de prose, je les saute à pieds joints pour recourir plutôt à la prose , tout le monde fait comme moi : c'est que tout le monde est aussi sot que toi , me répondit brusquement le Poëte , & s'en alla fort mécontent composer une Épigramme contre le Siege de Calais.

MALGRÉ le dégoût naturel que j'ai pour les vers , j'en fais quelquefois des détestables , & j'ai la cruauté de les montrer aux gens. Je pourrais peut être en faire de meilleurs si j'avais du pain , mais mon Libraire ne me paie que trois livres pour chaque feuille in-12 , vous qui connoissez

la marchandife , jugez fi je puis en confcience lui fournir du bon à ce prix. *
Au refte, Monfieur, agréez les tels que je
vous les préfente , je ferai flatté s'ils peu-
vent vous fervir dans ce petit endroit de
votre Conté de Fernei , où les Romains
auraient adoré la Déeffe Cloacine. Vivez
long-temps , éclairez l'humanité , foyez
le triomphe des Lettres. Je ferai toujours
votre admirateur.
MODESTE-TRANQUILLE XAN-XUNG.

---

* Ce Poëme eft le défordre de l'art & la
preuve du mauvais goût qui commence à
régner en France. J'ai commencé cet Ouvrage le 2 Décembre 1765. Le 17 du même mois il
était fous preffe. En fait de Poëme je vais vîte ,
parce qu'un Poëme n'eft autre chofe qu'une
faillie , comme celle d'une Chanfon. Je compte donner encore au Public foixante & quelques Poëmes fur des objets à peu près pareils.

HISTOIRE

DE LA

SAINTE CHANDELLE

D'ARRAS.

*Extrait de l'Histoire Ecclésiastique
des Pays-Bas, par Gazet.*

AU temps de Lambert, Evê-
que d'Arras , environ l'an
onze cent & cinq, le peuple étant
fort débordé & abdonné à tous
vices & péchés , la faison devint
intempérée , & l'air fi infecté &
corrompu que les Habitans d'Arras , & du pays circonvoifin , fu-
rent punis & affligés d'une étrange
maladie , procédant comme d'un
feu ardent qui brufloit la partie
du corps atteinte de ce mal.

Or, comme en ce temps il y eut

deux Joueurs d'inftrumens mufi-
caux, lefquels eftoient grands amis
& plus devinrent grands ennemis,
& s'entrehaiffoient. Ce nonobftant
la Sainte Vierge Marie en atour
magnifique leur apparut en la nuit,
& leur dit : levez-vous, allez trouver l'Evêque Lambert, l'adverti-
rez qu'il veille. La nuit Samedi prochain, au premier chant du coq
on verra une femme revétue de pareils atours que moi, defcendre du
chœur de ladite Eglife, tenant en
fes mains un Cierge de cire qu'elle
vous baillera & en ferez degoufter
quelque peu de cire dedans des
vaiffeaux remplis d'eau, que don-
nerez à boire à tous les malades.
Ceux qui fe ferviront de ce remede
avec une vifve foi, recevront gué-
rifon, & ceux qui le mépriferont
perdront la vie.

Outre ce difcours commun elle
ordonna aux deux Joueurs de mu-

ficaux de fe reconcilier... Ils allerent trouver l'Evêque. L'Evêque fort étonné leur demanda leur nom, & de quel ftyle & pays ils eftoient, mais quand ils répondirent qu'ils eftoient Joüeurs d'inftrumens de leur ftyle ; Hà ! mes amis (dit l'Evêque) ne vous jouez point de moi... Lambert leur lava la tête. Un des Joueurs eu fi peur qu'il lâcha dans fes brayes............

L'Evêque fit attention après, les envoya chercher , ils entrerent avec lui dans l'Eglife , fe mirent en oraifon, jufqu'environ le temps qui leur avoit été fpécifié par la vifion ; que lors leur apparût la Vierge Marie en mefmes atours , laquelle fembloit defcendre du haut du chœur de l'Eglife, avec un Cierge ardent de feu divin , qu'elle leur délivra , leur tenant la mefme propofition de la premiere apparition. Après que quelques vaiffeaux fu-

rent remplis d'eau , l'Evêque formant le figne de la croix deffus ,
les malades qui burent de l'eau fu-
rent guéri. On fit des Proceffions,
& tous les environs vinrent en pé-
lerinage pour prier le précieux
joiau de la fainte Chandelle. *Gazet,*
Hiftoire Eccléfiaftique des Pays-Bas.
J'ai confervé le vieux ftyle de l'Auteur.

LA CHANDELLE

LA
CHANDELLE
D'ARRAS.

CHANT PREMIER.

Querelle de JEAN & de JERÔME, leur combat.

BELLE Zéphire! ô toi que mes difgraces
Voudraient envain arracher de mes bras ;
Toi que l'amour amena fur mes traces,
Pour m'infpirer fous ces nouveaux climats ;
Viens m'éclairer des feux de ton génie :
Je vais chanter la CHANDELLE D'ARRAS;
Ce phénomene apporté par Marie ,
Qui toujours luit, brûle & ne s'éteint pas.
Au bon vieux temps, le vrai tems des fottifes ;
Quand nos Docteurs, porteurs de barbes grifes :
Prêchaient les Saints, le Pape , le Démon ,
Le feu d'enfer brûlant dans un fermon ;
Tous les cerveaux travaillés de vertiges
Aimaient la fable & croyaient aux prodiges ;

A

Les Châtelains, chargés d'un gros bon sens,
Dans leurs Châteaux voyaient des Revenans,
Fillette enceinte accusait du dommage
Quelque Sorcier. Hélas ! un pucelage
A beau tenir, quelque charme à la fin
Le fait sauter : un Sorcier est bien fin ;
Et dans ce temps pour l'honneur des familles,
On croyait fort les Sorciers & les filles.
　　Tel on était dans le Pays d'Artois,
Pays semblable aux côteaux Champenois ;
Où l'on naît sot, non pas pour le paraître,
Le devenir ; mais seulement pour l'être,
Comme l'on dit, toute une éternité.
　　Dans Arras donc, c'était dans la Cité ;
Vivoient jadis deux hommes très-illustres :
Tous deux avaient un peu plus de huit lustres,
Force raison au bout de leurs cheveux,
Et de l'esprit où la poule a ses œufs.
L'un se nommait JERÔME NULSIFROTE ;
Quand le grivois vous tirait une botte
A jeune fille, il allait droit au cœur.
Son compagnon s'appellait LA TERREUR.
Ce fier vivant, de vaste corpulence,
Fort comme un Turc, vous menait d'importance
Une grivoise, & tout sur le bon ton.
Des reins épais, un nez d'un pied de long
Lui captivaient les hommages des femmes ;
Le phénomene allumait dans leurs ames
Un feu divin qui glaçait leurs maris.
Mainte disait : jarni ! dans quel pays
Le Ciel fait-il croître des nez si rares ;
Pour nos besoins ses mains sont bien avares ;
Près de ce nez, d'un si noble maintien,
De nos époux les nez ne seraient rien.
　　Ces bonnes gens, l'honneur de la patrie,
De la Cité soutenaient l'harmonie.

Jérôme & Jean , de leur profeſſion ,
Étaient tous deux joueurs de violon ;
A livre ouvert , ſur le champ , en cadence ,
Ils vous raclaient la fine contre-danſe ,
Un cotilon ſur l'air de l'Angola ,
Où du *Stabat Mater doloroſa* ;
Ce dernier air enchantait la province ,
Où de tout temps le goût fut auſſi mince
Que la boiſſon que l'on boit dans Arras.
    Chéris des Grands , goûtés des Magiſtrats 1 ,
Nos Batiſtains (2) par un talent unique
Gagnoient l'argent & l'eſtime publique ;
Nôces , feſtins ne ſe paſſaient ſans eux ;
Qui les avoit s'eſtimait trop heureux.
    L'ame des Dieux , l'amitié ſecourable ,
Dès le berceau , d'un nœud toujours durable ,
A Nulſifrote uniſſait la Terreur ;
Ces deux amis ne faiſaient qu'un ſeul cœur.
Jamais mortel ne vit chaîne pareille ,
Le brandevin , la bierre & la bouteille
Trois fois le jour ranimaient leurs beaux feux ,
Trois fois le jour reſſerraient leurs doux nœuds.
Le vieux Platon , le jeune Alcibiade ,
Le fier Oreſte & le tendre Pilade ,
Des romanciers ſi vantés autrefois
Vis-à-vis d'eux n'étaient que des cœurs froids.
Qui l'auroit dit ! que la voix d'un profane ,
Qu'un vil oiſeau , que ſon maudit organe
Déſunirait des nœuds ſi précieux ?
Rien n'eſt conſtant ſous la voute des Cieux.
    Certain bon jour , le jour de Pentecôte ,

---

(1) *Les Magiſtrats d'Arras aiment boaucoup
la danſe.*
    (2) Alluſion au fameux Muſicien de ce nom.
                                    A 2

Jean la Terreur , Jérôme Nulſifrote ,
L'eſprit , le cœur remplis de brandevin,
Vers Saint-Laurent (3) cheminaient un matin.
Sortant d'Arras , à vingt pas de la Ville ,
Un animal , une bête incivile ;
(Que le Démon , ah ! ſiniſtre Coucou ,
Aurait bien fait de te tordre le cou !)
L'animal donc entonna ſon ramage ;
Jerome en rit , & pour le baginage,
En ſe tournant il dit à l'ami Jean :
L'entends-tu bien ! connais-tu ce plain-chant ?
Pour un mari le bel épithalame !
Dis-moi ; l'oiſeau connaîtrait-il ta femme ?
L'aurait-il vue avec notre Curé ,
Sous le Vicaire , ou près d'un Tonſuré ?
Je crois ma foi qu'il t'en dit des nouvelles.
La chienne au moins n'eſt point de ces cruelles
Qu'il faut toûjours tirer bar le jupon.
Souvent chez toi j'ai vu le Frere Oignon. . . .
Comment, coquin , repond Jean en colere,
Sais-tu , morbleu , que notre ménagere
N'a giboyée avec d'autre que nous ?
Ah ! vive Dieu ! je ſommes ſon époux ;
A la nourrir chaque nuit je m'occupe ,
Même le jour , malgré ſa longue jupe. . . .
Va , le Coucou n'a chanté que pour toi.
Serait-il vrai ? . . . Quoi ! des cornes à moi ?
Je bouche trop l'endroit où ça ſe plante ;
Et puis Nannon . . . Tient le diable me tente ;
S'il ne m'arrête . . . à l'inſtant tu verras . . . .
Ah ! dit Jerôme , ah ! ne te faches pas.
Tranquillement accomodons l'affaire ;
Tiens , pour nous deux il a chanté , Compere ,

---

(3) Village à une lieue d'Arras.

En conviens-tu ? Non diantre, par ma foi,
Je n'en suis point ; il a chanté pour toi.
J'ons de l'honneur aussi grand que je sommes,
Et sur ce point je ne craignons quatre hommes.
Tiens vois mon front, vois s'il est raboteux ?
Ton front ! ton front ! tu l'as drôle, parbleux !
Il est plaisant ? Hé ! mais, il s'imagine
Que ça se voit... On aurait belle mine
Si l'on montrait cette coëffure aux gens ?
Cela paraît, mais ce n'est qu'en dedans ;
Console toi ; tu n'es pas sans confrere.

Jean était bon, mais non pas débonnaire.
Quoique dévot à la sainte amitié,
Il n'était homme à se moucher du pié ;
Toujours ses doigts servaient à cet usage,
Pour épargner les frais du blanchissage
Et les mouchoirs ; le secret était bon.

Jean plein d'honneur n'avait d'aucun affront
Jamais souffert le flétrissant outrage.
Son poing nerveux, sur le large visage
De son ami, vous applique soudain
Cinq à six coups, mais de la bonne main.
L'œil irrité, le vaillant Nulsifrote
Siffle des dents, frappe du pied & saute
Sur la Terreur, le saisit aux cheveux.
L'attire à lui, veut l'abattre ; tous deux
Luttent long-temps, se coignent, se meurtrissent
Dans leur fureur ces malheureux vomissent
Contre le Ciel mille affreux juremens,
O Dieu vengeur ? où sont tes châtimens ?
Pour tes clochers réserves-tu la foudre ?
Ne réduis-tu que tes autels en poudre ?
Fais-la tomber sur ces monstres affreux :
Leurs juremens font dresser les cheveux.
Mort...tête...sang...je tremble ! ils osent prendre
Dieu par le nez... le Diable par le ventre !

A 3

A ces horreurs l'écho reste sans voix,
Flore, Zéphir se cachent dans les bois ;
Sur un ciel noir le Démon des orages
Vient en grondant du fond des marécages ;
Sa main terrible a déchaîné les vents ;
Les champs des airs à ses regards brûlans
Sont enflammés ; le fleches du tonnerre
Ouvrent le Ciel & déchirent la Terre ;
Envain la foudre éclate à leurs côtés ;
Jérôme & Jean n'en sont épouvantés ;
Leur fier courroux s'accroît avec l'orage ;
L'air en tonnant anime leur courage :
Tel autrefois ce Cynique effronté
Que le Portique a si long-temps vanté ;
De son tonneau, l'orgueilleux Diogenes,
La pique en main, à la face d'Athenes,
Rit de la foudre & se moque des Dieux.
   Couverts de sang, ces monstres furieux,
Las, épuisés, étendus sur l'arene,
D'un œil éteint, dont la paupiere à peine
Pouvait s'ouvrir, se défiaient encor ;
Tel expirant l'infatigable Hector
Bravait Calcas & menaçait Achille.
   De leur combat le bruit vint à la Ville ;
Arras se trouble & s'attendrit pour eux ;
On court, on vole, on le trouve tous deux
Sans mouvement & prêts à rendre l'ame.
Dans ce moment, ô Jean ! tu vis ta femme ;
La froide horreur avait glacé son teint,
L'amour ému s'agitait sur son sein ;
De cent baisers elle mouille ta bouche ;
O belle Annette ! ô l'orgueil de sa couche !
Ton cœur soupire.... Annette par trois fois
Tu veux parler ; ta douleur est sans voix.
Perfide Amour, tu ris de sa tristesse !
Tu flattes Jean ! cette feinte caresse

Eſt l'art diſcret de tromper un mari.
Vive un cocu, grand Dieu! qu'il eſt chéri!
Plus mitonné qu'un directeur de Nonne,
Au moindre mal on ſe pâme, on s'étonne,
On crie, on preſſe, on le leche, il faut voir;
Femme à lui plaire épuiſe ſon ſavoir.
Ah! ſi le Ciel d'une chaîne amoureuſe
Unit un jour ma deſtinée heureuſe
A jeune objet je veux être cocu,
L'air trop mal-ſain de l'auſtere vertu
M'incommoderait, j'aime un peu la faibleſſe :
L'humanité fut toujours ma ſageſſe.
   Sur un brancard couvert de deux manteaux,
A l'hôpital on porte nos Héros.
Anne les ſuit en répandant des larmes,
Son air touchant embelliſſait ſes charmes,
Sa gorge émue attendriſſait les cœurs.
Plus d'un Abbé fut ſenſible à ſes pleurs.

CHANT II.

Le Diable habilé en Hermite descend à l'Hô-
pital, excite Nulsifrote à la vengeance.

DAns la Cité quarante deux Sœurs Grifes,
Vierges jadis, mais femmes bien apprifes,
De l'Hôpital ont la direction.
Là chaque Nonne avec diftraction
Penfe un malade & met à fon derriere
Du vitriol pour l'onguent de le Mere ; (1)
En quiproquo ces Sœurs en favent long.
Or dans ce temps, on dit que le Démon
Rodait fouvent au tour du Monaftere.
Cet ennemi du Ciel & de la Terre
A Nulfifrote apparut dans la nuit ;
Le Diable eft fin, c'eft un terrible efprit.
Nos beaux prêcheurs l'ont affublé d'injures,
Dans leurs fermons furchargés de figures
Le Diable eft peint, Dieu même en auroit peur,
A les entendre, il ment comme un rimeur.
Aux fots, dit-on cette bête eft à craindre ;
Hélàs ! pour moi j'aurais tort de m'en plaindre.
A fes amis il ne fait jamis rien ;
Le bon Jefus s'en eft trouvé très-bien.
Matthieu nous dit qu'un jour dans un miracle,
Il le porta fur le haut d'un pinacle, 2.

---

(1) *Onguent de la Mere*, ainfi nommé à caufe
d'une Religieufe de l'Hôtel-Dieu de Paris, qui
en fit la découverte.

(2) Cette tentation n'eft qu'une parabole comme celles de l'Enfant Prodigue, du Lazare &

D'où bien à laife il voyait l'Auxerrois ,
Le Pays-Bas , l'Écoffe , l'Angoumois ;
Berlin , Paris , le Fort de la Goulette ,
La rue aux Ours , celle de la Huchette ,
Où foupirait à côté d'un gigot ,
Certain Arnaud , le *lamentable* Arnaud ; *(3)*
Millord , dit-il au Maître du tonnerre ,
Tout rondement voulez-vous , ventre à terre ,
A mes ergots faire un beau compliment ,
Sur mon honneur , je reméts à l'inftant
Ce beau pays fous votre obéiffance.
Jefus , lui dit : Satan , ton opulence
Ne peut tenter un cœur comme le mien ,
Aux Publicains tu peux donner ton bien ;
Sans la vertu le monde eft méprifable.
Laiffons Jefus faire un fermon au Diable

---

du Jugement dernier. Les Orientaux & fur-tout
le Légiflateur des Chrétieus , parlaient aux hommes par des paraboles. Les Docteurs ont choifi
dans l'Evangile tout les paffages qui tuaient le
bon fens ; pour les Expofer à notre credulité.
Jefus , dans ce conte , peint les efforts que fait
l'efprit malin pour triompher de la vertu. Ceux
qui affurent que le Diable a tranfporté réelle-
ment Jefus fur le haut d'une montagne , font
des ignorants ou des ftupides ; quelle image dé-
teftable de reprefenter le Diable emportant l'Etre
fuprême ? L'Alcoran n'a point d'abfurdité pareilles.

(3) Auteur faifant des Jérémiades & des petits
bouquets à Daphné. Cette Daphné était la moitié
d'un Rôtiffeur de la rue de la Huchette. Arnaud
avait la permiffion de tremper fon pain dans la lé-
chefrite & la croute dans les entrées de fa maîtreffe.

Car en tout temps un bon prédicateur,
Comme un mauvais, endort son auditeur.
Dans la nuit donc pour tromper Nulsifrote
Le Diable orné d'une large calote,
D'un grand cordon, d'un chapelet sans croix,
D'une béquille, enfin du saint harnois,
Du Frere Luc, allant en guerre sainte
Trouver Agnés, qui fut neuf mois enceinte
Pour faire un Pape & ne fit qu'un tendron :
　O mon ami ! s'écria le Démon,
Je suis Satan, cet être craint en France,
Des grands Docteurs profonds en ignorance,
Pour t'effrayer, me rendre plus hideux
D'un habit noir ils m'ont vêtu comme eux,
Et m'ont planté des cornes à la tête :
Ah ! par l'Enfer que la Sorbonne est bête,
Que le fourage à ses gens convient bien.
En vérité c'est leur pain quotidien.
　Je naquis noble, & ma source est divine,
Jadis au Ciel je pris mon origine ;
Mes compagnons, esprits forts, gens hardis,
De leur éclat follement éblouis,
A l'Eternel déclarerent la guerre :
Tels les Titans, nous dit le grand Homere,
En Thessalie insulterent les Dieux,
La même fable arriva dans les Cieux.
　Avant ce temps nous goûtions sans partage
La froide gloire & le mince avantage
De dire en prose, en beaux vers, en plain-chant !
Triomphe, honneur au seigneur tout-puissant :
Toujours brailler, toujours la même note,
Cela, ma foi, mon ami Nulsifrote,
Nous ennuyait ; un beau soir Lucifer,
Garçon divin, sémillant comme l'air,
Voulut de Dieu surpasser l'élégance,
Ceindre la gloire, usurper la puissance :

Meffieurs , dit-il aux jeunes Chérubins ;
Notre Seigneur nous prend pour des gredins ,
Somme-nous faits pour ramper fous un maître ?
En fe tâtant chacun peut fe connaître ,
S'en faire accroire eft le talent d'un fot
Contre le Ciel formons un faint complot ;
Attaquons Dieu, chaffons-le de fon trône ,
Brifons fon fceptre , arrachons fa couronne ,
Ou tout au moins égalons-nous à lui :
L'honneur le veut , foyons Dieux aujourd'hui.
Ce beau projet fut applaudi des Anges ,
A l'orateur on donna cent louanges.
Je ne fus point de l'avis d'Aftaroth.
Le Diable était d'attacher le grelot
A Dieu le Pere ; il n'était point maniable ,
Comment le prendre ? Un Prélat refpectable
Aux doux plaifirs , le Cardinal Dubois (4) ,
Bien mieux que nous le prenait mille fois
De cent côtés : auffi fon Eminence
Etait l'ami ; d'un grand Seigneur en France.
    Sur fon palier nous infultâmes Dieu.
Comment , dit-il vous ofez en ce lieu
Braver ma foudre & m'outrager en face ?

---

(4) Le Cardinal Dubois reçut la Confirmation
la Tonfure , les quatre Moindres , le fous-Diaco-
nat, le Diaconat, la Prêtrife , & fit fa premiere
Communion le même jour. Ce fut le P. Maffillon,
Evêque de Clermont , célèbre Prédicateur , qui
lui adminiftra tous ces Sacrements à la fois *Monf-
trelet* , *Froiffard* & l'Académie affurent que ces
deux Prélats avaient la confcience très-délicate
& beaucoup de religion.
    5. M. de Voltaire nous a donné le vrai fens de
ce mot dans la Pucelle. *Voyez* l'article Bonneau.

Quoi ! des coquins , né du fein de ma grace ,
Voudront du Ciel me chaffer aujourd'hui ,
Le Charbonnier eft le maître chez lui.
Hola , Michel ! foudain que l'on s'efcrime ,
A coups de fabre (6) il faut punir le crime ,
Dans le chaos engloutir ces mutins ,
De fers brûlants charger leurs viles mains.
On fe battit , Dieu du haut de fa gloire
Vit le combat , fit pencher la victoire
De fon côté , c'était très-naturel.
Mais entre nous , fans le vaillant Michel ,
Le Paradis appartenait au Diable :
Oh ! le bon coup , Lucifer plus traitable ,
Affurément n'eut point damné les gens ;
Pas n'était fot pour faire à fes dépens
Ce noir Ténare où l'on brûle les ames ,
Sans pitié , de très-aimables femmes
Pour avoir fait un fot mari cocu.
Ah ! fi l'Archange , ami , nous a vaincus ,
Il doit fa gloire à notre extravagance ;
Tous neufs encor & fans expérience ,
Nous n'avions brin connaiffance de Dieu ;
Pour nous encor il était de l'hébreu ;
Car Lucifer n'était point affez bête ,
S'il l'eut connu , de tenter fa conquête.
Que la jeuneffe eft un temps mal aifé !
Et qu'à cet age on eft mal avifé !
Le cœur léger s'incline vers le vice ,
Il faut fouvent que la barbe blanchiffe
Avant d'ufer un peu de fa raifon ,

---

(6) L'Auteur s'eft perfuadé que S. Michel s'eft fervi de l'épée ou du fabre en Paradis , puifque l'Eglife qui ne peut fe tromper le repréfente toujours avec une épée.

Mais

Mais pour le mal , on l'apprend fans leçon :
Quand on eft bon c'eft fouvent par faibleffe ;
C'eft le hazard qui donne la fageffe.
  Le hazard donc toucha mon tendre cœur ;
Le vif remord , ce tyran du pécheur ,
Me poignarda. Brifé de répentance ,
Deffein me prit de faire pénitence :
Sur fes vieux jours l'homme fe convertit ;
D'un pas devot j'allai , le cœur contrit ,
Près d'Achicourt (7) prendre l'habit d'hermite.
Que le Rofaire entre mes mains profite !
Qu'un Capuchon eft un meuble divin !
Embaumez-vous , flairez l'odeur de Saint
Que ça répand : c'eft l'encens de la grace ;
Non le boiteux , non l'ignorant Ignace
Dans fon vivant ne fentait pas fi bon . . . . ;
  Dans les vapeurs de ma dévotion ,
J'ai vu Marie : ô ciel ! qu'elle était belle !
La fraiche aurore eft un chiffon près d'elle ,
Son œil brillait des feux du chafte amour ,
Un jupon fimple , uni comme un bon jour
N'ajoutait rien à l'éclat de fes charmes ,
A fon afpect je répandis des larmes ;
Quoi ! vous pleurez ! dit-elle en fouriant ;
Un grand garçon fait-il ainfi l'enfant ?
Etes-vous donc de ces petites ames ?
Laiffez les pleurs , ils engraiffent les femmes ;
Quittez la haire , & marchez vers Arras ;
Vers l'hôpital vous porterez vos pas.
Un fot mortel infenfible à l'outrage ,
Entre deux draps amollit fon courage ,
L'honneur honteux fur fon mauffade front
Rougit encor de l'éternel affront

---

(7) Village auprès d'Arras.

                                              B

Dont l'a flétri la main de son compere ,
Dans son cœur lâche allumez la colere ,
Qui sait se battre est digne de mes yeux ,
Qui ne se venge est indigne des Cieux.
Tel que l'éclair ouvre, enflamme la nue,
Disant ces mots, Marie est disparue,

O Nulsifrote ! ô cœur trois fois heureux !
La sainte Vierge est sensible à vos vœux,
Vous êtes sûr , sous sa main immortelle ,
De vaincre Jean ; que pourrait-il contre elle ?
Ah ! vengez-vous comme doit un Chrétien ;
Suivez le Ciel, le Ciel se venge bien.
C'est un plaisir de punir l'insolence ;
Dieu pour lui seul a gardé la vengeance ,
Il connaissait les morceaux délicats.
Sur la Terreur déployez votre bras ;
Que cette nuit le scélérat périsse ;
Prosternez-vous , que ma main vous bénisse.

Le Diable alors élevant deux grands doigts ,
Sur le héros fait un signe de croix ,
Puis d'une voix agréable , mais fiere ,
Les yeux au ciel , il fit cette priere.

Dieu des vivants , des morts & des saisons
A qui Clément (8) chante tant d'oraisons
Pour obtenir le mépris des richesses ,
Sur Nulsifrote épanche tes largesses ,
Donne à son bras la force de Samson ,
A sa valeur le feu de Gédéon ;
Devant ses pas fait marcher le tonnerre ,
Mets dans son cœur l'homicide colere
Dont tu frappais les faibles Héthéens ,
Les fils d'Amon & les Amoréens ;
Qu'il soit vainqueur ! de rechef , à ces mots,
De la main gauche il bénit le Héros.

_____

(8) Clément XIII. Roi de Rome.

CHANT III.

Nouveau combat de Jean & de Jerôme :
le panſement du bleſſé ; ſon trépan.

MONSIEUR Buffon, dont l'éloquente plume
Créa pour nous dans un profond volume,
Avec des mots attriſtement tournés ,
Uu nouveau monde & des Cieux mieux peignés ,
Parle du Chien , mais il en parle en maître ,
Qui connaît tout , qui répand ſur chaque être
Le jour naiſſant de la Création.
Le Chien , dit-il , eſt plein d'attention ;
Tendre , poli , complaiſant , doux , affable ,
Pour les humains d'un inſtinct favorable ;
A les aimer il conſume ſes jours ;
Paphos n'a point de plus fermes amours.
  Dieu de mon cœur ! trop volage Liſette :
Te ſouvient-il quand ta flamme coquette
Me captivait ſous ta trompeuſe loi ,
Ton chien , ton chien , moins inconſtant que toi
Couvrait tes feux d'une honte éternelle ,
Ainſi que lui que n'étais-tu fidelle ?
  A l'hôpital trois déteſtables chiens
Pendant la nuit ſervaient de gardiens.
Ces trois mâtins ne valaient pas la chatte ,
Oncque n'avaient bien ſu donner la patte ,
Toujours jappant , ſautant , courant , mordant
Les malheureux qu'ils trouvaient en paſſant.
Pif, pouf & paf étaient leurs noms terribles ; (1)

_____

(1) Il eſt probable que ces chiens n'étaient
point de ces jolis gredins qui guériſſent les inquié-

B 2

Jamais l'enfer dans ses gouffres horribles
N'avait produit des dogues si hargneux ;
Cerbere était un mouton auprès d'eux.
Vivent les chiens chantés dans l'Ecriture,
Ils sont chommés de la race future ;
Roch & Tobie étaient d'affez bons chiens,
Très-bien pourvus ; mais nos trois vauriens
L'emportaient presque en malice sur l'homme.
Laissons ces chiens, revenons à Jerôme.

   Ce Fier-à-bras par le Diable éveillé,
Saute du lit, & sans être habillé
Va droit à Jean, & d'un regard severe
Lui dit ces mots qu'anime la colere :
Visage affreux, face de réprouvé,
Qu'à mon courroux le Ciel a reservé,
Voici le jour marqué pour la vengeance;
Ton front épais où l'altiere insolence
A peint d'un gueux la maussade fierté,
Retrace encor à mon œil irrité
Ce jour sinistre, où le chant détestable
D'un vil oiseau brisa le nœud durable
Qui dès l'enfance avoit uni nos cœurs,
De ma colere éprouve les fureurs :
Terrible Dieu des noires Euménides !
Qui fit sonner ces Vêpres homicides,
Où la Sicile & la fiere Atropos,
Du sang Français firent couler les flots,
Viens éclairer ma colere implacable,
Conduis mon bras, immole le coupable ;
Sa lâche main a fait rougir mon front,

---

tudes des filles. L'Auteur croit qu'une grosse
Sœur Converse avait à l'un d'eux des obligations
secrettes. La Religion l'a empêché de nous donner le nom de cette fille.

Que son vil sang efface cet affront !
Disant ces mots , d'un poing ferme & robuste :
Adroitement Jerôme vous ajuste ,
A coup portant sur la face de Jean
Vingt horions , & lui casse à l'instant
Le nez , le front , la gueule & la mâchoire ;
Trente-deux dents sur le champ de victoire ,
De ses succès sont les sanglans témoins.
Jean se reveille ; on se reveille à moins.
Avec fureur de son lit il s'élance ,
Armé d'un pot sur Jerôme il s'avance ,
L'atteint , le frappe & lui brise les os ;
L'autre resiste , & saisit à propos
Un Saint Michel enchâssé sur un Diable ;
Le couple épais dans sa main redoutable
Fait du fracas , Jean en est abattu ,
Un Diable , un Saint ont bien de la vertu ,
Quand ils sont gros ils terrassent leur homme.
    Le fier combat de Jean & de Jerôme
Subitement éveille la maison ,
Tout l'hôpital est en confusion.
Sur leurs grabats les malades frémissent ,
De cris plaintifs les voûtes retentissent ;
L'un croit avoir entendu dans les airs
Le bruit roulant qu'annoncent les éclairs ;
L'autre étourdi dans son saisissement
Croit ressentir cet affreux tremblement ,
Qui de nos jours a renversé Lisbonne ;
Mainte femelle invoque sa patrone ,
Le vieux Saint Roch & le grand Saint Venant ,
Par cent *Salve* l'une invoque Marie ,
La Sainte-Face & Sainte Épiphanie ,
Qui dans son temps accoucha de trois Rois.
Au bruit affreux de ces lugubres voix ,
Les trois mâtins plus méchans que Cerbere ,
Dans l'hôpital entrent avec colere ,

Pouf abboyait ; mais Pif plus courageux
Sur nos Héros s'élance furieux ,
Paf à Jérôme entame le derriere.
Pouf enragé d'une dent meurtriere
Le mord , lui prend certain objet benin
Idolatré du fexe féminin.
Si je pouvais fans bleffer la décence
Peindre l'objet aux yeux de l'innocence ,
Ciel ! que fur lui l'on verferait de pleurs !
Son trifte fort feroit fendre les cœurs.
Frêle pudeur ! faut-il qu'à tes maximes
J'aille enchaîner ma penfée & mes rimes :
Tes faux appas n'enchantent que les fots ,
L'homme innocent rougit-il pour des mots ?
Femme le doit , attentive à l'ufage ,
On voit foudain briller fur fon vifage.
Ce faux vernis , Mafque de la pudeur ,
Que de fes mains prépara l'art trompeur.
  Aux cris des chiens les Nonnes accoururent
Leurs yeux bénis en entrant apperçurent
Le fier Jérôme étendu fur le dos ,
Sur lui le fang ruiffelait à grands flots.
Divin Sauveur , quelle étonnante affaire !
Dit en tremblant la Mere Apothicaire.
Ce malheureux va périr dans nos mains ;
O chiens maudits ! ô dogues inhumains
Qu'avez-vous fait ?... Attendez que je voie....
O ciel ! mes Sœurs les fources de la joie
N'exifte plus ! Jefus ! il n'a plus rien !
Ce châtiment fans doute eft pour fon bien ,
Il baifait trop : mais que dira fa femme ?
Ce coup fatal doit confondre fon ame.
Ah ! jufte Dieu ! quelle févérité !
Tes jugemens font trembler l'équité !
Pourquoi ta main , cette main large & fûre
Où les oifeaux vont chercher leur pâture ,

Arrache-t-elle ainſi cruellement,
A ſa moitié le pain du Sacrement ?
Sans le plaiſir le plus riche ménage
N'eſt qu'un ciel noir couvert d'un froid nuage ;
Comment ſervir , nourrir fêter un cœur ?
Une nuit ſeche eſt ſemblable au malheur ?
De ce fleau , Ciel , preſerves nos grilles !
Que ferions nous ? helas ! quarante filles
Ont des beſoins ; & comme dit Greſſet,
C'eſt bien le moins d'un pauvre Perroquet ?

  Par pitié l'on ſoulage Jérôme ;
Sur ſa bleſſure l'on applique du beaume.
En le penſant la Mere Cornichon
Adreſſe au ciel cette ſainte Oraiſon :
Le faible honneur , Seigneur eſt ton ouvrage ,
Son point-d'appui , c'eſt le point du nauffrage ;
Y touche-t-on , ſoudain il eſt briſé.
Hélas ! pourquoi dans un vaſe percé
Ton bras puiſſant place-t'il la ſageſſe ?
De tes rayons viens couvrir ma foibleſſe ,
Donne à ma main l'adreſſe & la pudeur ,
Que mon œil pur ſur cet objet trompeur
Ne ſouille point.... ah ! fais que je ne tombe ;
C'eſt un endroit où la vertu ſuccombe.

  Dans ce moment la Mere Saint-Martin
Vint triſtement apporter un cliſtere :
Ami , dit-elle , ici j'ai votre affaire ,
Ce lavement eſt fait de Tamarin ,
D'Agnus caſtus chauffés au bain-marie.
Prenez', prenez , il eſt doux & benin :
Feu Pourceaugnac n'a reçu de la vie
Un lavement fait d'auſſi bonne main ;
Tournez le dos & levez le derriere.....
Un peu plus haut.... votre jambe en arriere.
Brave , j'y ſuis , j'ai le nez ſur le trou ;
Non , attendez , hauſſez un peu le cou !

Bon , le cul ferme , allons partez mufcade;
La Mere pouffe & croit de fon malade
Avoir faifi le pertuis ténébreux.
Pas n'eft au trou ; fous fon poignet nerveux
Le pifton part ; la canule fe brife ,
Le long du dos entre chair & chemife
La liqueur monte , & vous frappe en paffant ,
Vers l'occiput , le pauvre patient ;
Et fait fauter fon bonnet en arriere.
Le malheureux , dans ce moment contraire ,
Leve la tête & veut voir l'accident ;
En retombant les ondes du cliftere
Vont pommader , de leur fuc anopin ,
De mon héros la face & la criniere.
Beniffant Dieu , maudiffant le deftin ,
Dans ce malheur la Mere Apothicaire ,
L'œil humecté du fatal lavement ,
Reclame encor Saint Vaaft & Saint Venant.
  Un affaffin , Docteur en Médecine ,
D Lachefis , ancien Tambour - Major ,
Paraît foudain ; il portait fur fa mine ,
(Qu'ombrage au loin un énorme caftor ,)
L'air elegant d'un confolant cliftere.
En ftile épais il fit un commentaire
Sur le nombril de notre pere Adam ,
Sur l'orpium , la fauge & le chiendent.
Mes Sœurs , dit-il , la matiere louable
Fut de tout tems chere à la faculté ,
Et de notre art , par les fots fi vanté ,
Le pot de chambre eft l'objet refpectable ,
De nos chapeaux c'eft la plus belle fleur ;
La tubéreufe a pour nous moins d'odeur.
  Le vieux Docteur examine Jérôme ,
Tâte & s'écrie : eh ! comment donc cet homme
Eft ainfi ? Que peut-on ordonner ?
Je vois deux cas ; là je fens de l'enflure ,
A l'occiput fans doute il a fracture ?

Vîte un Frater, il faut le trépaner.
Du grand Saint Côme arrive un vieux confrere,
Qui rafait bien, mais c'étoit autrefois,
Dans quinze jours il ferait un cautere
Habilement au bras d'un Saint de bois.
Le Chevalier de la trifte Lancette
Tire fa trouffe, auffi-tôt vous apprête
Rafoirs, cifeaux, plumaceaux & trépan,
Long-temps en main il tient le patient,
Lorgne l'objet, opere en tâtonnant,
Ouvre le crane; ô merveille nouvelle!
De cette plaie il fort une Chandelle,
Qui dans les airs s'élance avec fracas.
Le vieux Barbier étonné de ce cas,
Contre le mur recule épouvanté;
Le Médecin dit que la Faculté
N'a jamais vu femblable phénomene;
Vîte, opérons, je crains que la gangrene
Ne caufe ici le tranfport au cerveau,
Parons le coup, trente grains d'Ellébore,
Cinq à fix gros d'extrait de Mandragore
Lui feront bons, ce traitement nouveau
Eft merveilleux; ce crâne eft fans jointure....
Si l'on pouvait pour achever la cure
Y faire entrer deux onces de bon fens,
Ce n'eft pas trop.... Comment à cinquante ans
Aller à neuf habiller une tête
Comment... encor.... Si le poil de la bête
Pouvait fervir? Quand le timbre eft fêlé
Il faut... oui... non... un peu de foin pilé,
Contre fon mal ferait un grand béchique,
Ma foi, ce cas met à bout ma pratique!
Guérit qui veut.... j'y perdrai mon latin.
Le Médecin d'un air mélancolique
Alla vêtir fa robe académique,
Et fut apprendre aux Magiftrats d'Arras
De leur ami le trifte & piteux cas.

CHANT IV.

Héloïse vient confoler Jeanne : Jeanne court
à l'Hopital. Combat de Jeanne & d'An-
nette.

L E jour perçait le voile des ténebres,
Aux cris aigus de mille oiseaux funebres,
La nuit fuyait vers le noir Phlégéton,
Sur un char d'or l'épouse de Titon
Verfait déja dans fon urne embrafée,
Sur nos côteaux la fertile rofée,
Dans nos jardins les innocentes fleurs
Baignaient déja leur beauté dans fes pleurs,
Quand fur Arras le Démon des orages,
Le front couvert de grêle & de nuages,
Vint tout-à-coup fondre comme un vautour :
En nuit obfcure il change ce beau jour :
Son char de feu roule avec le tonnerre :
Leur choc affreux épouvante la terre ;
Tranfi de froid le vieux Septentrion
Vient en tremblant embrafer l'Aquilon ;
Leurs vents unis ont renverfé les chênes,
Troublé les eaux, débordé les fontaines ;
De nos vergers détruit le riche efpoir,
Et de Lifette emporté le mouchoir.
Tendre Colin, que ton ame eft émue !
Quel fein brillant vient enchanter ta vue !
Son mouvement eft celui de ton cœur :
Deviens hardi : que pourrait la pudeur ?
Un rouge hebreux couvre en vain ton amante,
Doit-on rougir quand l'ame eft innocente ?
En vain Lifon honteufe dans tes bras
A tes regards veut cacher fes appas ;

A tes baisers je la vois moins farouche ;
Son sein palpite, & presſé par ta bouche,
Il croît, il s'enfle au gré de tes défirs ;
L'occafion eſt le cri des plaifirs.
Mais, quoi ! tandis que ma Mufe légere
Chante Colin, célebre fa Bergere,
Leurs tendres feux & leurs charmans ébats,
Un globe errant s'avance vers Arras.
Du centre obſcur de ce globe terrible
J'entens ſonner une trompette horrible,
Ses tons perçans font trembler mes pinceaux,
Et dans les bois ont glacé les oifeaux.
Jaloufe Mort ! ô déluge ! ô tonnerre !
L'ancien cahos revient-il fur la terre,
Rendre au deſtin le ſceptre du néant ?
La foudre, ô prodige puiſſant !
Le globe s'ouvre & l'horifon s'éclaire ;
La ſombre nuit fait place à la lumiere.
Le front brûlé par le feu des éclairs
La Renommée apparaît dans les airs.
Un char la ſuit : c'eſt le char d'Héloïfe,
Il eſt orné des larmes d'Arthemife,
Le trifte ennui, le défefpoir touchant
D'un faible vol le fuivaient en pleurant.
    Chez Nulfifrote Héloïfe eſt entrée ;
Dans une couche à l'Hymen confacrée,
Où l'œil des Dieux lifait fur fa blancheur
La foi, l'amour & la douce candeur :
Sa jeune époufe en ce moment éprife
Du feu fecret qui confume Héloïfe,
D'un vain bonheur amufait fes appas :
Un fonge heureux repofait dans fes bras ;
Les vents de Gnide apportaient autour d'elle
L'encens des fleurs ; & l'Amour fous fon aîle,
Cachait aux yeux des volages zéphirs,
Son chafte ſein le trône des plaifirs.

Aimable Jeanne, ah! que vient-on t'apprendre?
Quel trait cuifant va percer ton cœur tendre!
Un chien cruel a moiffonné ton bien:
Pour te choyer Jérôme n'a plus rien.
　　Jeanne s'éveille, Héloïfe l'embraffe,
De mille pleurs elle inonde fa face:
Tendre moitié dont le cœur immortel
A pour amis l'innocence & le Ciel.
Que ton époux va te couter des larmes?
Il vit encor; mais quel deuil pour tes charmes!
Le froid Hiver, répandu fur ton lit,
Entre tes bras glacera chaque nuit
Le chafte objet qu'idolâtre ton ame;
En vain ton fein, pour animer fa flamme,
S'agitera fous fes yeux amoureux:
Defirs perdus! Jérôme de tes feux
Ne pourra plus calmer la douce ivreffe.
Ton cœur brûlant au fort de ta trifteffe
Invoquera les Dieux & les plaifirs;
Ils feront fourds, Jeannette, à tes defirs:
Tels des oifeaux encore fans plumages
Abandonnés par de parens volages,
Défefpérés, agités dans leur nid,
Tendent le bec fans ceffe au moindre bruit:
Ainfi ton cœur.... A ce difcours furprife,
D'un œil mouillé regardant Héloïfe,
Jeanne long-temps refta fans mouvement;
Le défefpoir dans ce cruel moment
De cent douleurs déchirait fon cœur tendre.
Belle Héloïfe, en vain tu veux la rendre
Moins infenfible à fes triftes malheurs,
Tes vains difcours tariront-ils fes pleurs?
Sans le plaifir l'Hymen n'eft qu'une chaîne
Qu'un faible cœur ne foutient qu'avec peine:
Sans le plaifir eft-il des agrémens?
Sans le plaifir eft-il d'heureux momens?

II

Il n'en est point , dit Jeannette allarmée ,
A ses douceurs mon ame est donc fermée ?
Va , tes chagrins sont-ils égaux aux miens ?
Le crime seul a tissu tes liens ;
Tes cris plaintifs dont a pâli la terre
Étaient la voix d'une flamme adultere :
Un vil pédant avait trompé ton cœur :
Ton Abailard était un imposteur.
Sans Colardeau (1) , sans son talent magique ;
On aurait vu la sévere critique ,
Te reprocher tes coupables excès :
Ah ! laisse-moi me répandre en regrets :
Ton sort cruel console-t-il mon ame ?
Sur ce malheur calme-t-on une femme ?
Jeanne à l'instant , court , vole à l'hopital ,
Le cœur , hélas ! percé d'un trait fatal ,
Ses cris aigus font retentir les voûtes.
O Dieu puissant ! Amour si tu l'écoutes ,
Descends des Cieux , répares son malheur ,
Ou viens ôter ta flamme de son cœur.
Entre les bras de l'époux qu'elle adore ,
Jeanne soupire , & c'est toi qu'elle implore ?
Viens.... mais que vois-je.... insensible à ses cris
Tu fais le mal, *jeune enfant & tu ris* ?
    Tandis qu'ainsi Jeannette se désole ,
Que son époux la flatte & la console ,
Dans l'hôpital Annette entre à l'instant ;

_____

(1) M. Colardeau , contemporain de M. Ramponeau , des tableaux à la Silhouette , de coëffures à la grecque & du grand Trublet , n'était pas assurément du temps de la Chandelle d'Arras ; il y a ici un anacronisme considérable. Il paraît que l'auteur de ce Poëme se sert de tout , même du mensonge : cela n'est pas bien.

C

Jeanne la voit , & d'un air menaçant
Quitte Jérôme & vient fondre fur elle :
Femme hautaine , infolente femelle ,
Viens-tu , dit-elle infulter à mes pleurs ?
Ton cœur heureux rit-il de mes malheurs ?
Crains mon courroux , mon défefpoir funefte :
Dans mes chagrins ce bras nerveux me refte ;
Tiens , le fens-tu : Jeanne en difant ce mot :
Avec fureur lui décharge auffi-tô:
Un coup terrible , & la jette par terre.
Chantre des Dieux ! ô toi rapide Homere !
De tes accords viens feconder ma voix.
Achille en vain triompha de vingt Rois ,
Ce demi-Dieu , bruyant foudre de guerre ,
Dont Troie en flamme éprouva la colere ,
Méritait-il l'immortel laurier
Dont ta main fiere orna fon front altier ?
Oferais-tu le mettre à côté d'Anne ?
Pourrais-tu bien le comparer à Jeanne ?
S'il triompha des Troyens malheureux ,
Il avait Mars , le tonnere & tes Dieux.
    Au centre obfcur d'un amas de nuages ,
Armés d'éclairs qu'enfantent les orages ,
Un char de feu tiré par deux Hullans (1)
Porte dans l'air l'implacable Bellonne :
Telle autrefois , aux champs de la Sorbonne ,
Contre Ramus animant des pédans ,
Ses froids regards faifoient trembler les bancs ,
Ainfi , dit-on , elle excitait Jeannette ;
Déjà vingt coups fur la face d'Annette

---

(1) Soldats inutiles , protegés du Maréchal de
Saxe. Ils ont fervi à la France , comme ces Suif-
fes peints fur du papier qu'on voit à la porte de
certain Bouchon.

De fa colere ont fignalé l'ardeur,
Et de fon bras illuftre la valeur ;
Quatre fichus dans leurs mains vengereffes
Sont à l'inftant déchirés en cent pieces ;
Quatre tettons, arrondis par l'Amour,
En palpitant s'offrent aux yeux du jour.
A ces appas le tendre Amour foupire,
Objets divins ; qui pourrait vous décrire ?
Vous ajoutez à la douceur des fleurs,
Et votre éclat efface leurs couleurs.
Du Créateur ce fut la main féconde
Qui vous donna cette figure ronde,
Ce boutonnet, cette aimable blancheur,
Qui tente l'homme & fur tout le pécheur.
Pere du jour ! Dieu de temps ! Dieu des âges !
A ces beautés je connais tes ouvrages.

    A ce combat, à ce terrible bruit,
De mille cris l'hôpital retentit ;
Dans le couvent on fonne la crecelle :
Peu s'en fallut que dans chaque chapelle
On n'étendît un lugubre drap noir.
On court, on vole, on defcend du dortoir ?
Déja les Sœurs pour calmer nos rivales
Ont déployé de leurs voix monacales
Les tons ufés, les antiques refforts ;
Vaine éloquence ! inutiles efforts !
La fiere Annette & l'invincible Jeanne,
Le cœur brûlant d'une rage profane,
A leur fermon, à leurs faintes douceurs
Ont répondu ; mais c'eft par des horreurs ;
Les mots ronflans de putains de ribaudes,
Ornent cent fois leurs courtes périodes ;
Jamais Vair-Vert, éduqué fur les flots,
Ne prononça de fi terribles mots.
    Aux juremens de nos deux combattantes,
Aux cris affreux des Nonettes tremblantes,

                                    C 2

Pâle , craintif & le cœur agité ,
Le Directeur accourt épouvanté :
Muse , peins-nous le bonheur de ce Père ,
Pour ce tableau reprends ta gravité.
   Depuis trente ans dans ce saint Monastere
Le moine avait rocoulé mainte fois ,
Et confessé les plus jolis minois.
La Volupté , trente chastes Amantes ,
Offraient la nuit , à ses mains caressantes ,
Bouche vermeille , & gorge que l'Amour
Aurait succé de ses levres charmantes ;
Cuisse divine , un genou fait au tour ,
Un taint semé de fleurs éblouissantes ,
D'une blancheur qui faisait tort au jour.
   Là sans danger , loin du fracas du monde ,
L'homme de Dieu dans une paix profonde ,
Ornait son cœur , cultivait son talent ;
Des revenans il connaissait l'histoire ,
Correctement lisait dans le grimoire ,
Comme un sorcier du sénat de Rouen. (3)
Aux coups hardis de l'intrépide Annette ,
Aux cris perçans des sœurs & de Jeannette ,
Le moine vint au secours du couvent.
Un goupillon armait son bras sévere ,
Comme autrefois dans la main du saint Pere ;
Le fier outil n'était plus si grenu ,
Par tout de poil il était dépourvu :
Dans ce bas lieu tout croule , tout s'ébranle ,
Le Révérend ne sonnait plus en branle ,
Tintoit encor , mais c'était rarement.
   En le voyant , Jeanne dit à l'instant.

---

(3) Pour conserver le précieux souvenir des bê-
tises de nos peres , le parlement de Rouen connaît encore volontiers des Sorciers.

Vieux Penaillon, parle, que viens-tu faire ?
Va-t-en ailleurs asperger ton eau claire,
Croix-tu pourvoir à mon affliction,
En m'étalant ton chien de goupillon ?
Va, ton outil n'est que faible image
Du Dieu fécond qui charmait mon ménage ;
L'hiver peut-il caresser le printemps ?
Sans les Zéphirs Vertumne est sans amans ?
Il te sied bien d'insulter à mes larmes,
Court à tes sœurs porter tes vieilles armes ;
A leur disette offre ton oiselet
Lâche, courbé, sans jus, sans contenance,
Il n'offre plus dans sa magnificence
Que l'air crochu du bec d'un perroquet ?
Pour l'amander, la Mere Sacristine
Dix fois le jour dans sa main le patine . . . . .
A ce discours, indécent s'il en fut,
Fort sagement le Directeur se tut :
Très-bien lui prit, il fit cesser la guerre.
S'il eût parlé, Jeannette assurément
Jusqu'au déluge, avec emportement,
Eût risposté ; car dans son caractere
Pour démontrer son homme & son prochain
Jeannette avait un furieux instinct.

CHANT V.

Defcription du Ciel. Marie envoie S. Dunftan chez la Terreur.

QUAND Albion croyait aux Dieux Romains ,
Aux fept Dormans, au Pape, aux deux Crêpins , .
Certain Dunftan , Monarque Britannique ,
Etait fêté. L'églife Catholique
En fon honneur difait mainte oraifon ,
Profe traînante , & Meffe où le Démon ,
Avec le Saint , décorait l'offertoire ,
Le memento ; car dans ce temps , l'hiftoire .
Dit que l'Eglife avait force crédit ,
Beaucoup de zele & point encor d'efprit.
A fes lecteurs la Légende imbécille (1)
Contait alors , toujours en mauvais ftyle ,
Que par le nez, le bienheureux Dunftan ,
Comme un oifon , menait Monfieur Satan.
Un Pape , un Saint , un dévot font à craindre ;
Un pauvre diable en leur main eft à plaindre.
Vive un mondain , un Poëte , un Auteur ,
Ces gens font bons , ils ont de la douceur ,
Et pour le diable ils font remplis d'entrailles ;
Mais Saint Dunftan avec fes deux tenailles

(1) S. Dunftan menait le Diable par le nez avec
des pincettes ou des tenailles. Les pincettes ont
été long-temps honoré à Londres du culte de *Du-*
lie. Le jour de la Fête du Saint , les Prêtres
Breons évangélifaient en ferrant le nez des fidéles Chrétiens entre les faintes pincettes , en
mémoire du Diable & de S. Dunftan.

A Béelzébut ne faifait point quartier ;
Et le démon eut beau de fon métier,
Avec efprit déployer les finesses ;
Talens perdus ! toutes fes gentilleffes
N'attendriffaient l'ame du Bienheureux.
Siecle des Saints, vous fûtes dangereux !
Jérôme & Jean avaient à leur querelle,
De tous les Saints intéreffé le zele ;
Vierges, Martyrs, Veuves & Confeffeurs,
Sur leur colere avaient verfé de pleurs.
La Sainte Vierge indulgente & fenfible
Était émue, & le combat terrible
Ou l'affreux Jean avait été vainqueur,
D'un trait aigu perçait fon tendre cœur.
   Mufe, peins-nous cette Reine immortelle,
Plus grande au Ciel que Diane & Cybelle,
Que les oignons chez les Égyptiens,
Et les marmots adorés des payens.
   Au beau milieu de la Sainte patrie
Sur l'arc-en-ciel gît la Reine Marie ; (2)
Un fceptre d'or éclate dans fes mains,
Un long ferpent eft fous fes pieds divins ;
Cet animal dans fa gueule a la pomme.

---

(2) Nous n'avons point de Reine au Ciel ; nous n'avons qu'un feul Maître, un feul Dieu, un feul Roi. Marie n'eft qu'une créature du Seigneur, & fon humble fervante, comme elle le dit elle-même. Son titre de Reine & fa puiffance ne fe trouvent point dans l'Evangile, l'unique monument de la foi des Chrétiens. Ces idées de Reine & de fouveraineté, font venues des Moines, des Nonnes, des Jéfuites & de Sœur Marie à la Coque, qui faifait de fi beaux rêve fur le Sacré Cœur.

Qui dans Éden tenta le premier homme.
Heureufe fable ! ô fruit délicieux !
Du jufte Adam tu décillas les yeux.
Sans le Démon , fans ton fuc , fans Madame ,
(Ah ! que de bien nous a fait une femme !)
L'homme était bête à perpétuité :
Femme d'Adam , ta curiofité
Mieux nous valut que ta fotte innocence,
Qu'aurais-tu fais , fans la concupifcence ?
Cracher dans l'eau , bâiller avec un fot :
Sans le péché l'homme était un nigaud !
Que le Démon nous a rendu fervice !

　　Près de Marie eft la chafte milice
Des beaux efprits , des brûlans Séraphins ;
A fes côtés deux tendres Chérubins
D'un air galant foutiennent fes deux voiles ;
Son vafte chef , orné de fept étoiles ,
Jette un éclat qui fait pâlir le jour.
A fes genoux eft fa brillante cour :
　　Tournant un peu fon derriere à la grace,
D'un air coquet , fon greluchon Ignace ,
Fait l'agréable & le joli garçon.
Tout vis-à-vis le vieux Carme Simon, (3)
D'un air benêt coupe des Scapulaires ;
Saint Dominique enfile des Rofaires , (4)

---

(3) S. Simon Stoc.

(4) La Sainte Vierge donnaît autrefois en paradis des Scapulaires aux Carmes , des Rofaires à
Dominique. Cela eft parfaitement prouvé par les
tableaux qu'on trouve dans les Eglifes des Carmes & des Jacobins. Les Peintres & les Théologiens , dit le favant livre de la Nature , ont été
les Apôtres de la fuperftition.

Frere Bernard en méditation,
La plume en main, arrange une oraifon.
Quelle beautés ! la lanterne magique
N'eft rien après : le fpectacle lyrique,
Où vingt tendrons dans un chœur difcor-
     dant
Font chevroter les notes du plain-chant,
N'égale pas cette pompe immortelle,
Ni les beautés de la gloire éternelle.
Le gros Caillou, Saint - Cloud; les Porche-
     rons,
Midi-Montant & tous leurs environs,
Du Paradis n'approchent de cent piques :
Mais, par malheur, ce féjour eft bien loin !
Près d'un tréteau, retiré dans un coin,
Le Roi David compofait des cantiques
Sur Jonatas, Bethzabée, Abfalon,
La Ch .... P .... & la barbe d'Aron.
   Là, le cochon du vénérable Antoine,
Beau comme un cœur, élégant comme un
     Moine,
Donnait la patte auffi bien qu'un gredin,
Faifait des tours ; jamais maître Gonin,
N'eut fes talents, fon efprit, fa foupleffe ;
Qu'en Paradis un cochon a d'adreffe !
   Le vieux Saint Roch riait avec fon chien,
Monfieur Tobie en embraffant le fien,
Montrait fa queue à mainte jeune vierge :
Le fier mâtin l'avait ainfi qu'un cierge,
Longue à plaifir ; le bras du Saint de bois
Etait moins dur ; la Frétillon, je crois,
Aurait fouri ; la queue était honnête ;
Pareil objet dans un doux tête-à-tête,
Attendrit bien la converfation ;
Elle aime un peu fa récréation.
   Un Bienheureux célebre dans fon âge,

Dont la légende (5) a vanté le corſage,
(C'était Chriſtophe, ô Ciel qu'il était gros !)
D'un air content diſait : j'ai ſur mon dos
Jadis porté le Maître du tonnerre,
Sous ce fardeau je fis trembler la terre,
Notre Seigneur peſait autant que deux ;
Pourtant alors Dieu n'était qu'un morveux, (6)
Et ſans mon dos en paſſant la riviere,
L'enfant Jeſus eût mouillé ſon derriere.

    Certain voleur, c'était le bon larron,
Lui répondit : pour moi j'eus le nez bon,
Et bien me prit, en bonne compagnie
D'être pendu ; grace à mon induſtrie,
Le *peccavi* me vint fort à propos ;
Pour avoir dit à Jeſus deux bons mots,
Il m'a conduit à ſouper chez ſon pere,
Où ſans argent nous fîmes longue chere
D'encens divin & de *Gloria Patris*.

    Un peu plus bas le courageux Denis
Des vieux Gaulois étalait l'oriflamme,

---

(5) La légence eſt un gros livre rempli de contes de ma Mere l'Oïe, ceux qui aiment encore le vieux temps & les vieilles ſottiſes, trouveront une pature abondante dans cette, production la honte & le monument éternel des bêtiſes de nos peres.

(6) L'Enfant Jeſus, ou, ſelon certains Auteurs, le fils aîné de l'Etre ſuprême, a paſſé par toutes les miſeres de l'enfance & de l'humanité ; il ne faut ſavoir que très-peu d'hiſtoire naturelle, pour être aſſuré qu'il était morveux comme nous. L'épithete ne peut donc choquer que les ſots ; la vérité ne s'embarraſſe point de ces gens-là.

Jean Goule (7) orné des cornes dont fa femme
Dans fon automne chargea fes cheveux gris,
Par fes malheurs confolait les maris.
   Certain Rhéteur autrefois Janfénifte,
Manichéen, Quaker & Rienifte,
Difait à Dieu ; dès l'âge de quinze ans,
J'allai, Seigneur, avec d'autres enfans
Me fignaler aux combats des Jéfuites (8) ;
Je furpaffai dans ces jeux illicites
Les fiecles d'or de l'ordre de Jefus ;
Mes compagnons fous ma gloire abattus,
Chantaient par-tout mes proueffes brillantes,
Abandonnaient à mes mains triomphantes
Les myrtes verd de l'ami d'Antéros.
   Le jeune enfant qu'on adore à Samos
Au carnaval, amena dans Carthage
Une beauté dont le galant corfage
Enchântait l'ame, éblouiffait les yeux ;
Jamais, Seigneur, on ne vit fous les cieux
Un teint plus blanc, une gorge plus belle.
Des douces fleurs qui naiffaient autour d'elle
Le Dieu des cœurs avait tiffu nos nœuds.

---

(7) S. Jean Goule fut cocufié par fa femme.
Le bruit de fes miracles étant venu aux oreilles
de Madame, elle plaifanta fon époux miraculeux.
en difant : bon, il fait des Miracles comme mon
cul pete. A l'inftant le Ciel fignala fa vengeance
fur le derriere de madame Jean Goule. Cette
femme peta jufqu'au dernier moment de fa vie.
Voyez la légende.
  (8) S. Auguftin fait bien voir dans fes Confef-
fions qu'il a connu dans fa jeuneffe le livre du
Marquis Caraccioli ; *la jouiffance de foi-mê-
me.*

J'aimais Eglé, dans ses bras amoureux
Ton serviteur devint tendre & fidele ;
Tu fut témoin de l'ardeur de mes feux,
Enfin, Seigneur, dans un moment heureux
Adroitement je fis à ma bergere
Un gros garçon aussi beau que sa mere.
Daignes, mon Dieu, donner à mon poupon
Ces nobles soins qui conservent l'enfance,
Garde son cœur de la concupiscence,
Ne l'induis point dans la tentation (9)
    Aux pieds d'Eglé je deviens incrédule ;
La foi des Saints me parut ridicule,
Et plus encor leur superstition.
Des sots Hébreux la puérile histoire
Cent fois le jour étonnait ma raison ;
Plus je lisais, & moins je pouvais croire
Au merveilleux de la Religion.
L'homme, dit-elle, est fait à ton image :
Quoi donc, Seigneur, ce vieux barbouillage,
A ce limon échappé de tes mains,
Reconnaît-on ces traits grands & divins
Que peint la gloire aux yeux profonds du sage.
    Près d'Augustin le stupide Alexis
Se lamentait d'avoir quitté sa femme :
Que j'étais sot ! la plus douce des nuits
De cent plaisirs allait ravir mon ame,
Mon cœur flaté d'une orgueilleuse erreur
De la vertu crut adorer l'image ;
Comme Ixion caressant un nuage,
Je n'embrassai qu'un fantôme trompeur.

---

(9) L'Auteur avance ici une impiété, Dieu ne peut induire l'homme en tentation. L'auteur a pris probablement ce blasphême dans l'Oraison Dominicale.

O femme aimable ! ô charmante Sophie ! ¡
Ton chafte amour eût enivré mon cœur ;
Ce Dieu faifait le charme de ta vie ,
Et dans tes bras il eût fait mon bonheur.
   Du haut des cieux l'immortelle Marie
Branlant le bout de fon fceptre éternel ,
D'un air riant appelle Gabriel :
Efprit léger , conducteur des familles ,
Vous qui portez des nouvelle aux filles ,
Qui dans Sion fûtes l'Ange gardien.
De faint Tobie & de monfieur fon chien ,
Connaiffez-vous un Saint ua peu capable ?
J'en ai befoin , je veut qu'on mene au Diable
Au Purgatoire , un certain Fier-à-bras ,
Meneftrier célebre dans Arras.
Reine , dit l'Ange , un Prince d'Angleterre ,
Roi fainéant , s'il en fut fur la terre ,
Etait jadis redoutable à Satan ;
Ce Souverain fe nommait Saint Dunftan.
Quand le Démon voulait livrer bataille
A fa pudeur , armé d'une tenaille ,
Le nez foudain le faint Roi lui pinçait ;
En vain Satan jurait & grimaçait ,
Le fier Monarque à fes cris infenfible ,
Allait fon train : ah ! qu'un Saint eft terrible !
Pour plaire au Ciel , fervir le Créateur ,
Il détruirait le prochain & fon cœur.
   Pour obéir aux ordres de Marie ,
L'Ange appella le Monarque Breton :
Grand Saint , dit-il , qui pendant votre vie
Fûtes toujours redoutable au Démon ,
Vites , au plutôt , habillez-vous en Moine ,
Sur le cochon du vieil hermite Antoine
Grimpez foudain , & volez vers Arras ;
Dans l'Hôpital entre deux fales draps ,
Le cœur ferré d'une rage indomptable ,

D

Vous trouverez un mortel implacable,
Plus franc cent fois que feu Richard fans peur :
Son nom eft Jean, fon furnom la Terreur.
   Le Roi Dunftan couvert d'un capuchon
Et leftement monté fur le cochon,
Du haut des Cieux s'élance fur la terre.
Déja de loin il a vu l'Angleterre ;
Covens-garden, la Taverne à Rian,
Le Lord Gramby la terreur du Risban,
Le vaillant George environné de gloire,
Qui dans Munden en fixant la victoire
A mérité la croix de Saint Louis ;
Wilke entouré des Dieux de fa patrie
Brave en riant fes faibles ennemis,
La liberté ceint fa tête chérie
De lauriers verds dignes d'un front Romain.
Binck malheureux, victime de l'envie,
Eft condamné par un peuple inhumain.
Milords Paulet, Efnon & compagnie,
Au Dieu d'Amour offrent un culte impie ;
Le front couvert des lauriers de Phalus
Ils détruifaient les myrthes de Vénus.
   Les Bienheureux d'un nouveau feu refpire,
Ses yeux ont vu l'éclatante Hamilthon. (10)
Chantre élégant ! divin Anacréon !
Defcends des Cieux, viens chanter fon empire,
Et de tes fleurs orner fon noble front.
Dunftan n'a point ces rofes immortelles,
Dont tu parais l'amante de phaon.
   Déja Dunftan voit ces Tours infidelles,
Où des Naffau le fang audacieux
Ofe braver l'Efpagnol & les Cieux.

----

(10) La Ducheffe d'Hamilthon, la plus belle
Dame d'Angleterre.

Il voit Anvers & la riche Hollande,
Un gros fromage, une pipe à la main,
Un pied dans l'eau, l'autre sur la légende ;
D'un air épais préfenter fon offrande
A Jefus-Chrift, au Veau d'Or, à Calvin.
Arras bientôt découvre aux yeux du faint
Ces larges murs ; cette fuperbe place,
Qui des Français voulut braver l'audace., (11)
A l'hôpital le Bienheureux defcend,
Du bout du nez il faifit le fier Jean,
Et dans les airs l'emporte avec vîteffe :
Tel le démon, dans les murs du Lutéce,
Vient enlever le vieux Docteur Fauftus, (12)

(11.) Les Artéfiens croyant leur Ville imprenable, dit Vofgien, avaient mis fur une des portes de leur Capitale cette infcription : *Quand les Français prendront Arras les fouris mangeront les chats.* Après la prife de cette Ville en 1640, un Français dit, qu'il n'y avoit qu'à ôter le P.

(12) Fauftus fut le premier qui apporta en France l'Art de l'Imprimerie. Il vendit d'abord quelques exemplaires de la Bible à des Docteurs de Sorbonne qui n'étaient guere plus forciers que ceux d'aujourd'hui. Les fages Maîtres, étonnés de voir dans ces livres, qu'ils prenaient pour des manufcrits, plufieurs fautes d'impreffion répétées dans les mêmes endroits de chaque exemplaire, ne concevant point ce phénomene, l'attribuerent religieufement au Diable, que l'ignorance chargeait alors de toutes les connoiffances phyfiques qui paraiffaient. Fauftus fut appréhendé, conduit en prifon & condamné à être brûlé vif. Au moment d'être la victime innocente d'une fi belle invention, il déclara fon fe-

Dans le défert l'Effenien Jefus.

---

cret. Le bruit de cette découverte rendit Fauftus merveilleux , le peuple lui donna gratuitement le titre de Docteur , & l'on a cru long-temps , que le Diable l'avoit emporté , pour avoir imaginé l'Art de l'Imprimerie , dont les Hollandois fe font ftupidement attribués l'invention : c'eft aux Allemands à qui nous devons cette heureufe trouvaille. L'aventure de Fauftus prouve qu'il n'eft point falutaire de faire des découvertes en France, excepté les convulfions , qui font à nous , comme dit Guillaume Vadé.

CHANT VI.

Jean paſſe du Purgatoire dans l'Enfer,
Adam lui conte ſon hiſtoire.

N On loin du Groſne (1) eſt un Palais antique;
Vers l'an neuf cens l'intérêt monaſtique
Le fit bâtir des offrandes des ſots.
Le vieux Caron, par l'ordre de minos,
De ſa main dure en traça l'édifice ;
Le fanatiſme orna le frontiſpice
D'un long cordon de crânes, d'oſſemens ;
Un crêpe noir gaze ces ornemens ;
L'obſcure entrée eſt ſous d'antiques bierres ;
De grands tableaux d'indulgences plénieres
Parent les murs delabrés par Calvin.
Hors de la porte eſt un vaſte chemin
Où de tout tems l'on voit courir les Prêtres
Après les biens que nos faibles ancêtres
Ont en mourant jetté ſur leurs tombeaux.
Contens, heureux, dans le ſein du repos,
Les Égliſiers voient fumer leurs marmites,
Sur leurs foyers ces rimes ſont écrites :
» Le Purgatoire eſt du ſiecle d'argent,
» Qui l'inventa n'était point ignorant »
O feu trompeur, allumé par l'Égliſe !
Vous éclairez cette terre promiſe
Où croiſſent l'or, l'orgueil & le bonheur :
Le Prêtre ſeul en connait la valeur.

---

(1) Le Groſne, Riviere de Bourgogne où eſt
ſitué l'Abbaye de Clugni, dont les Moines ont
imaginé le Purgatoire.

E iij

O mes ayeux ! ô Vifigoths célebres !
Vos gros efprits, remplis d'objets funebres,
Voyaient-ils Dieu dans ces feux dévorans ?
Un tendre pere a-t-il pour fes enfans
Tant de rigueur, & pour blanchir notre ame,
Tel qu'un cochon faudra-t-il dans la flamme.
Brûler tout vif un homme à petit feu ?
Un cul grillé peut-il plaire au bon Dieu ?
 Le cul couvert d'indulgences plénieres,
Là l'on voyait les douces chambrieres
De nos Pafteurs, favourer fans éclat
Mille plaifirs volés au célibat :
Leurs fronts étaints couronnés de fabine ;
Sur leur jupon de légere étamine
Était brodé le nom flétri d'Onam ;
Sous leur menton, gazés d'un voile blanc,
Sont des appas arrondis par l'Églife ;
Leur embonpoint d'une large chemife
Bien rempliffait le contour & l'ampleur ;
Le Purgatoire entretient leur chaleur.
 Au bas d'un mont ou coule une onde noire,
Jean apperçut le fejour des damnés.
Champs éternels ! Vallons infortunés !
Serait-il vrai ? l'Églife nous fait croire
Que vos tourmens éternifent la gloire
D'un Dieu clément qui n'a d'autre intérêt,
Que le bonheur des êtres qu'il a fait ?
De tant d'horreur, Seigneur, es-tu capable ?
Parles, grand Dieu ! fi le mortel coupable
A tranfgreffé ta redoutable loi,
Te connait-il ? & comment, dis-le moi ?
Son œil obfcur verrait-il la diftance
De fon néant à ton pouvoir immenfe !
Le pot de terre eft fait pour s'ébrécher.
Dans fes douleurs fi l'homme va chercher
Ce charme heureux, cette divine flamme,

Qu'en le formant tu foufflas dans fon ame ,
Pour fon bonheur & non pour fon tourment ,
De qui tient-il ce célefte préfent ?
C'eft toi qui fis le Ciel , la terre & l'onde ,
Et les beautés qui parent ce grand monde :
Tu fais fleurir les rofes au printemps ,
Dans ces beaux jours tu rends nos cœurs contens ;
Bon en ce monde , es-tu méchant dans l'autre ?
Fille du Ciel, Nature , ô mon apôtre !
Le Créateur eft-il ainfi que nous ,
Vindicatif, colérique & jaloux ?
Dieu ferait-il moins tendre qu'une mere ?
eft-il , dis-moi , d'autre qu'une Mégere
Qui d'un œil fec pourrait voir fes enfans
Ainfi que toi dans des feux dévorans ?
Mérope , hélas ! craint bien plus pour Egifte :
Un mot d'Arbas , un regard , tout l'attrifte ;
Rachel en pleurs expire fur les fiens ,
Et toi , grand Dieu , tu dévores les tiens !
Le vieux Saturne était-il ton image ?
Mais , je blafphême : ô Ciel ! un être fage
Peut-il penfer comme un fot Capucin ?
    L'enfer n'eft pas ce que l'erreur nous peint.
Du Créateur adorons la fageffe ;
L'homme en ce monde annonce fa faibleffe ;
Mais dans l'enfer il prouve fa grandeur.
Si dans ce lieu Dieu pourfuit le pécheur ,
Sur fa faibleffe il regle fa vengeance ;
Si le coupable ouvre à la repentance
Un cœur contrit , il pardonne à l'inftant.
Dieu fit l'enfer pour les célibataires ,
Oui, c'eft pour vous , eunuques volontaires ,
Qu'il alluma ce brafier menaçant.
Il faut punir votre race parjure ;
Vos fens oififs outragent la Nature ;
Le Créateur abhorre le néant.

Jean étonné contemple cet Empire ;
Dans un bofquet , où fa raifon refpire ,
Il voit les Saints fêtés chez les Hébreux ,
Que Rome encor n'a point mis dans les Cieux.

Là , Mons Adam, le premier des Monarques ,
Le falua d'un air fort gracieux. ;
C'eft moi, l'ami, qui d'un fruit dangereux
Ai fait éclorre & la fievre & les Parques.
Certain Seigneur qui fait tout avec rien ,
Voulant unir le mal avec le bien ,
Fit le chiendent , les choux & la lumiere ,
Entre fes mains pétriffant la matiere ,
Il fit un fot , & ce fot ce fut moi.

Dans un jardin où je vivais à l'aife ,
Sans embarras , fans chagrin & fans loi ,
Avec un os , un peu de terre glaife ,
Beaucoup d'humeur , il fit je ne fais quoi :
Pour décorer le nouvel automate ,
Monfeigneur prit la douceur de la chatte ,
L'efprit du finge , un peu du perroquet ,
L'orgueil du paon , & de ces caracteres
Il fit ma femme , ô le divin fujet !
Jamais Tempé qui vanta fes bergeres ,
N'a fur fes bords vu de fi bel objet.

Pour décorer le monde & mon ménage ,
Dieu m'amena ce minois féduifant :
» Vois-tu , dit-il , ce magnifique ouvrage ?
» Quand fur la boue imprimant mon image ,
» Je façonnai ton corps lourd & péfant ,
» Pas n'ai faifi ce teint blanc , ce corfage ,
» Cet air frippon , ce bel œil agaçant ;
» de mon portrait tu n'étais qu'une ébauche ,
» Ce joli rien forti du côté gauche
» Etait un os qui te chargeait le flanc ,
» Ma main l'ôta pour t'en faire une femme. »
Ce beau difcours ne plut point à Madame :

Pas n'aimait trop les propos ennuyeux :
La vanité refpirait dans fon ame,
Et l'amour propre éclatait dans fes yeux.
    Notre Seigneur d'un ton trifte & pieux,
Dans un fermon peignit la gourmandife :
» Enfants, dit-il, craignez la friandife :
» Dans ce beau lieu j'ai planté de ma main
» Pruniers, pommiers, excellent faint-germain,
» Des cas pendus, de la reinette grife,
» Cuiffes-madame, au milieu tout exprès
» Un certain fruit (2), fi vous touchez jamais
» A ce fruit-là, c'eft fait de votre race ;
» Du bien, du mal la fçience efficace,
» En éclairant votre pofterité,
» M'irritera : car je fuis irrité
» Quand de ma main un automate pêche,
» Souvenez-vous que c'eft Dieu qui vous prêche,
» Et quand il parle, il veut être écouté. »
Tel Brioche, d'une rage fecrette
Se fent épris, quand une marionette
Caffe fon fil ou brife fon reffort,
Dans fon courroux il donnerait la mort.
    Or, Virago (3), c'eft le nom de ma femme,
Etait coquette ; à chaque inftant Madame

----

    (2) Moyfe inftruit dans la philofophie des Egyptiens, a imité dans la Fable de la Pomme, la maniere d'enfeigner de ces peuples, qui fous des emblêmes ingénieux propofaient les vérités les plus fimples.
    (3) Virago, nom de la première femme. Ce fobriquet donné par le S. Efprit, ferait aujourd'hui ridicule, nos belles Dames de Paris ne voudraient point paffer pour des Virago. Virago fignifie forti de l'homme.

Allait, venait du côté du pommier :
Certain Démon, animal familier,
Très-beau difeur, il parlait comme un Ange,
D'un long ferpent prit la figure étrange,
Plaça fa queue entre deux groffes pommes,
Et la faifait fretiller joliment.
Que le Démon fait bien tenter les hommes,
Frapper au but, faifir adroitement
Le côté chauve & le cœur d'une femme !
Dans les enfers pour culbuter une ame,
Que lui faut-il ? un defir feulement.

    Ce jeu badin amufait ma compagne,
Les deux gros fruits que la queue accompagne
La raviffaient & châtouillaient fon cœur.
Nous étions nuds fans honte & fans pudeur,
Dévergondés, ainfi que la nature,
Rien ne troublait notre innocent bonheur.

    Ma Virago depuis cette avanture,
Me parcourait plus attentivement ;
Sous mon menton elle vit un ferpent,
Si-tôt la belle empauma la reptile,
Le careffa : l'animal fort docile,
D'un naturel vraîment fait à ravir,
Prit dans fa main un ton, une élégance :
Son maintien grave appellait le plaifir,
Et provoquait notre concupifcence.
A quoi, l'ami, cela peut-il fervir ?
Mais dans ma main ton ferpent eft bien drôle ?
Comme il grandit ? S'il avait la parole,
Cela dirait les chofes joliment.
Dis-moi : pourquoi n'en ai-je point autant ?
Entre nous deux partageons comme frere ;
Tiens, la moitié, mon cher, me fuffira.
Mais rêves-tu... comment ôter cela ?
Ça ferait mal... Voilà bien du myftere ?
S'il nous fait mal, grand benêt, on crira.

Allons , voyons… Tirant Eve de peine ,
Du vrai bonheur je rencontrai la veine.
Le tendre amour applaudit à ce jeu ,
Et le fecret courrouça le bon Dieu
Un foir il vint, c'était un jour de fête ,
D'un ton plaifant il nous lava la tête ,
Nous chanta pouille, & me dit : » Voyez-vous
» Le grand Docteur, il en fait plus que nous ?
» Il vient d'enter fon favoir fur Madame ,
» Dieu fit la fille & l'homme fit la femme ?
» Etres formés de boue & de crachats ,
» Faible limon , dont j'ai fait deux ingrats ,
» La bienfaifance était mon diadême ,
» Et la vengeance aujourd'hui ceint mon front
» Sortez d'ici , ma juftice fuprême
» Sur vos enfans vengera cet affront. »
De fon jardin il nous chaffa fur l'heure :
Eve voyant mes yeux mouillés de pleurs ,
Me dit : mon cher, oublions nos malheurs ,
Va , le jardin ne vaut pas qu'on le pleure :
A mes appas attache ta conftance ,
Ton cœur me refte , eft-il d'autre bonheur !
Le Paradis , le pommier , Monfeigneur ,
Ne valent point notre concupifcence.

CHANT VII.

Jean s'entretient avec Jacob & Moyſe.

J Ean vit plus loin un certain Juif fripon ,
C'était Jacob ; il a volé ſon frere :
Ami , dit-il , un oncle de ma mere ,
Fourbe , menteur , (Laban était ſon nom ,)
Avoit pour bien à pourvoir deux fillettes.
Deſir me vint de faire ces amplettes :
L'une était belle & faite pour l'amour ;
Un ſein naiſſant , mais un ſein fait au tour ,
Croupe , Dieu ſait une taille légere ,
Deux yeux fendus comme l'on ne fend guere (1)
Cauſaient à l'ame un doux raviſſement :
l'autre , au contraire , eût pu dévotement
Prier le Ciel de l'embellir encore.
Pour obtenir le tendron que j'adore ,
Sept ans entiers je ſervis chez Laban.
Le tems fini , mon parjure beau-pere
Pendant la nuit m'amena doucement
Sa fille ainée , & loin de la lumiere
Je la chommai , la nuit tout chat eſt gris.
Je la trouvai belle comme Cythere ,
Dans le plaiſir douce comme Laïs.
Le jour parut , je reconnais l'aînée.
O ſort cruel ! ô fatal hymenée !
Tout furieux je deſcends chez Laban :
Oncle barbare aurais-tu le talent
De te jouer de ma crédule flame ?

---

(1) Si l'expreſſion choque les petits , petits , petits Auteurs délicats de Paris. Ils pourront lire :
comme l'on en voit guere.

J'aime

J'aime Rachel, tu la dois à mon ame ,
Je l'atttendais , qu'ai-je vu dans mon lit ?
Fille du Ciel , ô redoutable nuit !
Pourquoi prêter tes ombres au menfonge ?
Dieu des pavots ! que n'as-tu dans un fonge
Enveloppé fa rivale & mon cœur.
Tout beau Jacaut, calmé votre fureur ,
Bon Dieu ! faut-il que le chagrin vous ronge ?
Comment pour rien vous jettez les hauts cris ?
D'un mal plus grand que le Seigneur vous garde ?
Vous avéz cru manger une poularde
A cuiffe blanche , elle était aux pieds gris.
Ah ! rougiffez de votre gourmandife ,
Ofez-vous bien fortir de votre état ?
Comment, chaffer dans les champs de l'Eglife ? (2)
Un payfan eft-il fi délicat.
Ça voulez-vous fervir mon écurie
Sept ans encor , & puis fans tricherie ....
Sur mon honneur , dès ce foir ou demain
Je conduirai Rachel dans votre couche.
A ce marché l'eau me vint à la bouche ,
Je vis la belle unie à mon deftin.
Fruits précieux d'un double mariage ,
Quinze marmots affamaient mon ménage ,
Je gagnais peu , je n'avais point de pain ?
Au trifte afpeét de ma vafte mifere
Je vis pleurer mon terrible beau-pere :
Faifons, dit-il , un accord entre nous,
Pour vos enfans l'humanité m'excite,
Les agneaux blancs qui naîtront dans la fuite
Dès ce moment mon neveu , font pour vous ?

---

(2) Les Prêtres dans ce tems-là étaient déjà
friands , & ces Prêtres étaient fans doute de la
race de Melchifedech.

E

J'étais forcier , comme on l'eft au village ,
Du grand Albert j'avais lu les écrits; (3)
Je me fervis de certain bois blanchis ;
Cette couleur frappa l'œil des brebis ,
Et d'agneaux blancs je groffis mon partage.
Que les deffeins du Seigneur font profonds !
Dieu fe rangea du côté des fripons ;
J'en étais un , je l'étais par fa grace.
Ce tour malin m'attira la difgrace.
Du vieux Laban qui jaloux de fon bien,
De fa maifon me chaffa comme un chien.

    Sur les confins de la terre promife,
Loin du Tabor , fous un Ciel nébuleux ,
Jean rencontra le célébre Moyfe ,
Qui pour peupler promptement fon Eglife ,
Dans le défert fit périr les Hébreux.
Son front cornu , couronné de verveine ,
Glaçait d'effroi les rives du Jourdain ,

---

(3) Le Lecteur ne voudra peut-être pas croire
que Jacob ait lu le Grand Albert , pour le con-
vaincre voici un raifonnement vraiment théologi-
que; il eft affuré qu'un Crucifix néapolitain a parlé
à S. Thomas ; s'il eft démontré que le Crucifix ait
parlé à ce Docteur , il eft probable que ce dernier a parlé à Jacob ; parce que la diftance du
Crucifix à S. Thomas eft plus grande que celle de
S. Tomas à Jacob , & qu'il eft enfin plus naturel
qu'un homme ait eu une converfation avec un autre homme, qu'un Crucifix avec un homme Thomas en parlant à Jacob lui a affurément parlé d'Albert le grand fon profeffeur , & par là Jacob a
pu apprendre les fortileges d'Albert. Ce raifonnement paraîtra un peu bête : que faire ? les
Théologiens ne s'expliquent point autrement.

Un bâton noir dans fa main inhumaine
Semblait encor menacer Benjamin.
Ami, dit-il, le jour de ma naiffance
Sur l'onde errante on rifqua mon berçeau :
Le Dieu du Nil, touché de mon enfance,
Vint m'arracher du vafte fein de l'eau.
Au bord du fleuve où les jeunes Naïades,
Les blonds Silvains & les Amadryades
D'un rofeau verd tendrement s'enchaînaient,
Où le criftal, d'une onde tranfparente,
Trompait toujours la pudeur innocente
Des fœurs d'Atlas, qui fouvent s'y baignaient.
  De ce bain pur fortait une Princeffe :
Jaloux d'avoir careffé fes appas
Le fleuve encor promene avec tendreffe
Les doux attraits qu'il a vu dans fes bras ;
Son onde errante en conferve l'image :
Naïs encor était fur le rivage
A demi-nue : elle voit fur les eaux
Voguer au loin ma légere nacelle ;
Nymphes, que vois-je ? ô Ciel ? s'écria-t-elle,
Un jeune enfant expofé fur les flots !
Fille de Rhée ! ô Lucine fidelle !
Viens l'amener dans les bras de Naïs.
Le Dieu de Chypre attentif à fes cris,
Sur l'onde humide étend déja fon aîle,
Les Alcyons s'élancent de leurs nids,
Le fouffle doux dont Zéphire careffe
Le fein des fleurs, la robe du primptemps,
Me précipite aux pieds de la princeffe,
Le tendre Amour dans fes bras careffans.
  Le fage Egypte éleva mon enfance,
Avec grand foin fes prêtres révérés,
De l'art des Rois m'apprirent la fcience,
Du grand Apis les myfteres facrés.
  L'air de la Cour effraya ma faibleffe,

E 2

Fier d'être ingrat , je quittai la Princeffe ,
J'allai garder les troupeaux de Jéthro :
Tel autrefois des bras de Calipfo ,
Un jeune Roi , conduit par la fageffe ,
Sauva fon cœur des pieges de l'Amour.

Au pied d'Horeb au déclin d'un beau jour ,
Des Francs-Maçons j'apperçus la lumiere ;
Le Vénérable au milieu d'un buiffon
Me dit : mon frere , êtes.vous compagnon ,
Maître , Apprentif, Ecoffais , Trinitaire ; (4)
Là , donnez-moi le figne du Maçon ,
L'attouchement & dites-moi le nom
D'un des piliers ? … mais cet homme ricane :
Me tromperais-je … êtes-vous un profane ;
Comme il regarde … il eft bien curieux.
Éloignez-vous au plutôt de mes yeux ;
Prétendez-vous connaître nos myfteres ?
Point ne faurez comment boivent les freres.

Le Vénérable après quelques momens ,
Me dit : l'ami , je fuis avant le temps ;
Ma main tira du fein de la matiere
Du faible Adam la fragile pouffiere ,
Ma voix puiffante anima le néant ,
Du vieux Cahos je pris le diadême ,

(4.) Il y a parmi les Francs-Maçons différens
degrés de lumiere. Outre les Apprentifs , les
Compagnons & les Maîtres ; les Freres éclai-
rés des derniers myfteres diftinguent les Elus ,
les Ecoffais , les Chevaliers de l'Aigle , de
l'Epée , la grande Maîtrife d'Orient , les Chevaliers de S. Jean de Jérufalem & les grands
Prince Trinitaires. J'ai l'honneur d'être re-
vêtu de toutes ces dignités , je n'en fuis pas plus
riche.

La volonté, la raifon d'un Tyran,
Dit la Sorbonne, eft ma regle fuprême.
Mon nom fuperbe eft le Dieu du long nez ; (5)
Le fort affreux des Juifs infortunés,
Leurs cris perçans ont touché ma clémence ;
Cours à Memphis annoncer ma puiffance,
Va dire au Roi que j'aime les Hébreux,
Que j'ai fait choix de ce peuple craffeux,
Ladre, vilain, pour embellir la terre ;
Un jour mon fils, du fang de ces lépreux,
Arrofera les chardons du Calvaire.

 Comment, Seigneur, porterai-je vos loix ?
On n'entend point diftinctement ma voix ?
Un vieux Rabbin, le coufin de ma mere,
A ma naiffance a fait certaine affaire,
Il me rogna, non pas le bout des doigts,
Mais autre chofe ; il eût mieux fait, je crois,
De me couper le filet à la langue ;
Point ne faurait dire un mot de harangue ?
Sans le flatter comment parler au Roi ?
Je manquerais, Seigneur, à l'étiquette,
Les courtifans fe railleraient de moi.

 Va, ne crains rien, & prends cette baguette,
Cours à l'Egypte infpirer la frayeur,
De Pharaon va braver la colere ;
Pour le damner j'endurcirai fon cœur.
Les Rois fe croient les maitres de la terre.
Dis, la Nature a-t-elle fait un Roi ?
Va, les mortels n'ont qu'un maître, c'eft moi.
 Enfant galeux (6) de la terre promife,

(5.) Titre magnifique que Jehova ou Jupiter
prend dans l'Ecriture-Sainte.
(6.) Les Juifs couverts de lepre & de galê fu-
rent chaffés de l'Egypte. Moïfe fe mit à leur

De Pharaon brifés le joug de fer ;
Fuyez l'Egypte & courez fous Moïfe.
Chercher la mort aux fables du défert:
Son fier bâton fléchira les obftacles,
Jamais Merlin ne fit tant de miracles,
Et Zoroaftre, admiré du Perfan,
Auprès de lui ne fut qu'un ignorant:
L'art merveilleux de la Pyrotechnie, (7)
Etonnera vos regards incertains,
Et le veau d'Or, fondu par la Chymie, (8)
Ramenera votre argent dans fes mains.
    En vrai tyran je regnai fur mes freres,
Des riens facrés, entourrés de myfteres,
Affermiffaient mon empire naiffant,
Le Dieu d'Ifaac me montra fon derriere, (9.)
(Car un mortel ne peut voir fon devant).
Je fis de loix, ma politique altiére
Du fceau du Ciel fcella leur caractere,
Un grand fuccès illuftra ma carriere,
Et je devins fameux dans l'Orient.

---

tête, & alla fonder dans le défert cette Républi-
que d'Ufuriers, de Feffe - Mathieux, de vilains
& de fripons.

(7.) La Pyrotechnie, ou l'art des feux d'ar-
tifices.

(8.) Moïfe ayant befoin d'argent pour conquérir la Paleftine, imagina avec Aaron l'aventure du Veau d'Or. Il le fit fondre, & jetta les
cendres dans la mer, dans un endroit où il favait
bien de retrouver l'or.

(9.) Un homme qui affure d'avoir vu le derriere de Dieu, eft un infenfé qu'il faut mettre
aux petites maifons ; parce que tous les honnêtes gens croient fermement que Dieu n'a ni côté, ni devant ni derriere.

CHANT VIII.

Histoire de l'innocent Joseph.

DE la vertu chacun vante la gloire ;
C'est un bon mot , il trompe les humains.
Le fier Brutus, le plus grand des Romains,
Ne suivit qu'elle, il s'en plaint dans l'histoire.
A la chercher Platon perdit son temps ;
Dans mon printemps j'ai cultivé l'ingrate,
Je n'ai compté que de tristes momens.
Tarjan , Titus, le vainqueur de l'Euphrate,
A sa chimere ont offert leur encens ;
L'affreux Néron, sous les yeux de Séneque,
Quelques moments adora son erreur ;
Des Musulmans, l'Apôtre séducteur,
Le fer en main le prêcha dans la Mecque ;
Pierre dans Rome en a fait son bonheur.
Dans son roman , l'Auteur de Télémaque,
Veut embellir ce fantôme trompeur ;
La raison plaint le fils du Roi d'Itaque ;
Mais d'Eucharis elle adore le cœur.
Un Génevois , pour l'ame d'Héloïse,
Habilement en a fait un poison ;
Un moine obscur, feu Saint François d'Assise,
A pris pour elle un grotesque cordon.
Benoît , Pacôme , Antoine , Hilarion,
Dans le désert ont jeûné pour lui plaire ;
Frere Gusman (1) la mit dans un Rosaire ,

(1.) Gusmand , nom de S. Dominique , qui
n'était point assurément de cette illustre maison
comme le prétendent les Jacobins , voyez sur
cela les Bollandistes.

François de Paule dans la soupe à l'oignon. (2)
Le vieux Simon en fit un Scapulaire,
Bruno lui mit un pesant capuchon.
De la vertu chacun fit une image ;
Mais le bon sens a ri de leur tableau.
Un jeune Hébreu lui rendit son hommage ;
La chasteté, la couronne du sot,
Fut autrefois son triomphe & sa gloire ;
Vous le verrez, Lecteurs, voici l'histoire,
Le Dieu des Juifs la dicta mot pour mot.
　　Jean vit plus loin un dévot personnage,
C'était Joseph, le joli cavalier !
Parmi les sots, les gens de son village,
Il savait lire, il passoit pour sorcier.
Je fus, dit-il, détesté de mes freres,
J'avais jadis fait quelques songes creux,
Et raconté qu'ils célébraient entr'eux
Des Loyola certains méchans mysteres,
Que je dirais, s'ils n'étaient pas honteux ?
　　Je fus vendu, conduit en esclavage,
Chez un Seigneur de la Cour de Memphis.
Ce courtisan, martyre de l'usage,
Voulait encor sur le sein de Laïs
Cueillir lui seul les roses du bel âge,
Plaire à l'amour avec des cheveux gris;
Son juste-au-corps & sa large brayette,
Portait encor la brillante étiquetre
Du temps d'Hérode & de l'arriere-ban.
Sa jeune épouse, incertaine & volage,

(2.) Le Fondateur des Minimes a cru que
l'huile dans la soupe était la perfection de la perfection ; voilà pourquoi les Minimes mangent de
l'huile, Hélas, mon Dieu ! votre perfection ne
se trouve que dans le cœur du Philosophe.

Touchait le cœur ; un minois raviſſant ,
Certains appas , Ciel ! quel galant corſage ! ...
Mais dans ces bras , mon Ami , je fus ſage ,
Et ce jour là je fus un innocent.
   J'avais un nez , un peu long pour mon âge ,
En plein midi l'ombre de ſon profil
Me dérobait la moitié du viſage.
Ce nez fameux était droit comme un fil ; *(3)*
Il enflamma le cœur de ma maîtreſſe ,
Eliſe avait les vertus de la Cour ,
Beaucoup d'eſprit , encor plus de faibleſſe ;
Sa voix plaintive appellait la ſageſſe
En ſuccombant aux efforts de l'amour :
Mon cher Joſeph , votre nez m'intéreſſe ,
Il eſt bien fait , ſa taille me plaît fort ,
En le voyant je ſens certain tranſport ,
Je me connais ... Quoi ! moi de la tendreſſe
Pour un manant ? ... mais pourtant ſa jeuneſſe ...
Si la raiſon .... mais la raiſon a tort ,
Sans paſſion comment uſer la vie ?
Près de Junon le chaſte Hymen s'endort ,
Le court moment d'une tendre folie
Vaut cent fois mieux que les ans de Neſtor.
Là , dites-moi ... perſonne ici n'écoute ;
Ne cachez rien , parlez-moi ſans détour,
Jeune & bien fait , vous avez plu ſans doute
Dans les hameaux , on y connaît l'amour ;
Collette eſt belle , une taille légere ,
Un joli ſein que couvre la pudeur ,

(3.) Dom Calmet , le crédule Hiſtorien des
Vampires , nous dit que les Dames de Memphis
avaient des vapeurs à l'aſpect du nez de Joſeph,
Voyez les Ouvrages de ce ſavant Bénédictin.

Et qu'en jouant fur la verte fougere
On laiffe en proie aux regards du vainqueur,
Vous captivaient .... peut-être la Bergere
A vos defirs.... Quoi! vous ne dites-mot ?
Quoi ! fes appas ? ... Que ce garçon eft fot !
N'avez-vous point dérobé certain gage ?
Perdu le votre ? .... On non, grace au Seigneur !
C'eft un tréfor, on le garde au Village,
Et c'eft *l'Hymen qui cueille cette fleur.*
Mais à la Ville où le caprice engage,
Où le plaifir fouvent d'être volage
Forme des nœuds, connaît-on ce bonneur ?
Il a raifon ... mais ... comment, il eft fage !
Dieux, qu'il eft beau ! dites-moi, m'aimez-vous,
Madame, ô Ciel ! vous avez un époux,
Pouvez-vous donc ? ... je connais l'innocence,
Quoi ! la pudeur .... excufez mon filence,
Mon front rougit .... vos coupables deffeins....
Je voulus fuir, la Princeffe indifcrette
Deux fois voulut faifir mon aiguillette.
Je fis un faut, j'échappai de fes mains ;
En me fauvant, à cette débauchée,
J'abandonnai ma culotte ébrechée.
Son cœur honteux, dans ces affreux moments,
Pouffa dans l'air mille cris éclatants,
Son époux vint : ah ! mon chat (4), lui dit-elle,
Ton fot Laquais, d'une chaîne fidelle,
Voulait brifer les légitimes nœuds :
L'honneur m'empêche ... épris d'horrible feux ..

_____

(4) Mon chat, expreffion careffante dont les
belles Dames de Paris régalaient leurs époux en
1760 Aujourd'hui le terme à la mode & le plus ca-
reffant eft *mon Grec,* parce que toutes les têtes
font à la Grecque.

L'honneur toujours éclaira ma famille ,
Vous le favez .... car j'étais encor fille :
L'honneur alors .... Ah ! le crime eft affreux !
Un vil manant de Méfopotamie ...
Je vis encor , arrachez-moi la vie ...
Comment , un gueux vouloir me violer !
Ceffez vos cris , & de grace, Madame,
Nommez au moins l'honneur fans vous trou-
     bler.
Vous violer ... ah ! le crime eft infame ,
Et nos ayeux l'auraient puni jadis ;
Le fiecle change : aujourd'hui dans Memphis
De violer qui veut prendre la peine ,
Eft-il , Madame , une feule inhumaine ?
Lucrece eft morte , elle était d'un pays ...
O temps ! ô Ciel que je fuis malheureufe !
Tenez, voyez cette culotte affreufe ...
Quoi ! le coquin fur mon front conjugal
Voulait planter ..... étiez-vous la coëffeufe ;
Chere moitié , le trait eft déloyal ;
Comme un héros , je fais qu'un manant baife ,
Mais fans culotte ? Ah ! cet original
Voulait jouir du plaifir à fon aife ,
Le favourer en Fermier-Général.
Je prend fur moi le foin de la vengeance ;
Dès ce moment puniffons l'infolence.
Hola ! mes gens ? qu'on le mene en prifon.
Dans un tombeau creufé par le caprice
Où triomphait la cruelle Albion ,
Chargé de fers , d'honneur & d'injuftice,
L'Amiral Binck attendait fon fupplice,
Un compagnon partageait fa douleur,
De leur cachot pour diffiper l'horreur ,
Ces gens rêvaient: quelquefois le menfonge
Tarit les pleurs qui tombent de nos yeux.
   Binck étonné vit la nuit dans un fonge

Son chef chargé d'un panier monſtrueux,
Il était plein de ces plaiſirs des Dames
Dont le badaud ſe régale à Paris :
Plaiſirs décens qu'on peut donner aux femmes
Sans ombrager les fronts de leurs maris.
Sur le panier Margot la Ravaudeuſe,
La Leſcombat, Javote l'Ecoſſeuſe,
Avidement dévoraient ces biſcuits.
Quel rêve affreux ! diſais-je à l'Inſulaire ;
O jour terrible ! un conſeil ſanguinaire
Va te traiter comme ſes ennemis ;
Un fuſilier buté contre ton crâne,
Au mouvement d'une légere canne,
Tire en virant le bout de ſon canon ;
Le chien s'abat, une pierre étincelle ;
Hélas ! dans l'air à l'inſtant ta cervelle
Vole en éclat, & d'un durable affront
Couvre en tombant la féroce Albion.
  · L'autre rêveur, me dit : l'ami Prophête,
Mon ſonge eſt beau, je n'ai rien ſur la tête,
Bien m'en croirez, en voici la raiſon :
Point n'ai de femme, & ſuis encor garçon.
Pour mille gueux qui dans ces temps de guerre
A la Courtille humectent leur miſere ;
J'ai magaſin de vin gros & nouveau,
J'en vends beaucoup, mon nom eſt Ramponeau.
Hier dans la nuit, monté ſur deux béquilles,
Près d'un grand puits, au fond d'un magaſin,
Ainſi que Dieu, je changeai l'eau en vin.
Ce rêve eſt beau, je n'y vois point de filles,
Pas même un brin, il doit plaire au bon Dieu (5);

----

(5) On ne conçoit point ici le ſens du faiſeur
d'Almanachs, il faut qu'il ait penſé d'après les
Caſuiſtes, pour trouver un rêve beau à cauſe

Avant trois jours vous quitterez ce lieu,
Près des remparts où la molle indolence
Dans des chars d'or promene l'inconftance,
Vous tromperez les Faux bourgs & Memphis :
Or, mon ami, quand chez vous les Marquis,
Les Courtifans chenilles de Verfailles,
Iront trinquer, boire avec la canaille ;
Au nom de Dieu ! mon cher, fongez à moi.
Par trois ferments il me jura fa foi :
Un prifonnier fe parjure fans peine.

J'avais l'efpoir de voir brifer ma chaîne
Au fonge heureux que ferait un bon Roi,
Pour mon malheur le Roi ne rêvait guere,
Mais fon Miniftre avait rêvé fouvent (6)
Enfin le Roi fit un fonge effrayant,
Où les Docteurs trouvaient bien du myftere,
Dont fe moquaient le malin courtifan.

Dans un Palais où l'avide Finance,
D'une urne vafte épanche fur la France
Abondamment la mifere & les maux,
Le Rois voyait fept Fermiers Généraux

---

qu'il n'y a point de filles, & croire qu'un rêve
fans filles plaife davantage à l'Etre fuprême,
qu'un rêve où il y a des filles. Les Lecteurs ne feront point de fon avis, rêver pour rêver, ils pré-
fereront un rêve où il y entre des filles, fur tout
dans le dénouement du rêve

(6) Jofeph n'en veut point ici au fage Miniftre
qui gouverne actuellement l'Egypte. Il connaît les
grands foins qu'il fe donné pour foulager le peuple, encourager l'Agriculture, illuftrer la Marine,
le Commerce & les Arts. Il entend fans doute un
ancien Miniftre, un vieux Maréchal qui faifait des
rêves.

F

Qui fur leurs pieds n'étaient pas encor fermes ;
Gens malotrus , fans naiffance & fans noms ,
Maigres , petits , ladres , fots & frippons ,
Tels qu'ils font tous en entrant dans les fermes.
Ce fatal fonge intimida le Roi ,
En s'éveillant il veut favoir pourquoi
Ces fept Fermiers ont mangé la Boiffiere ,
Dupin , Paris & de la Popliniere.
De Ramponeau le Roi parlait fouvent ,
Ainfi qu'il fait de l'ami Pompignant (7).
Il fut par lui que j'expliquais les fonges
Plus joliment que le Mouphti Latin.
Quoi , difait-il , les Dieux du genre humain
Seront toujours entourés de menfonges !
La vérité n'approchera point d'eux ?
Ne cherchons qu'elle , & l'Egypte ira mieux.
   J'entre à la Cour : un air de complaifance
Me prit au nez , j'eus prefque des vapeurs ;
Ces lieux font pleins de vils adorateurs ,
Toujours craignant l'orage ou le tonnerre ;
Lâches , rempants , fourbes toujours polis :]
Ces vermiffeaux ne vont que terre à terre ,
Et ne font grands qu'aux regards des petits.
   Je m'énonçai , mais avec éloquence :
Grand Roi , lui dis-je , écrafez le Ferminer ,
Un Roi chéri n'eft jamais fans finance ,
On vous adore , amour eft l'abondance ;
Oté le nom du vingtieme denier ,
Et vous verrez l'Egypte en allégreffe
A vos genoux apporter fes tréfors.
Vous connaiffez fes vœux & fa tendreffe ,
Vous avez vu l'excès de fes tranfports.

---

(7)Auteur Français qui fait imprimer que le
Roi parle toujours de lui.

Voir, le Roi, voici le bon fyftême,
J'ai le cœur bon, fenfible & généreux (8),
J'aime mon peuple, il faut le rendre heureux.
Grands, écoutez ma volonté fuprême,
Vîte à Jofeph que l'on donne un Crachat,
Qu'il foit ici le fecond de l'Etat ;
Grand, s'il le peut, mais grand fans diadême :
Bravo, Seigneur, dit certain Richelieu,
Monfieur P** a bien un ruban bleu.

---

(8) Le Roi d'Egypte était adoré de fon Peuple ;
quel Roi auffi plus attaché à fes fujets ? les foins
immenfes qu'il fe donne pour l'arrangement des
Finances, font efpérer que l'Egypte pourra enfin
fe paffer des frippons.

CHANT IX.

Histoire de Fanchon ; Jean veut jouir de ses
faveurs ; châtiment du Ciel : apparition de
l'Ange Gabriel.

PRès de Joseph, au coin d'un verd bocage ;
Jean vit Fanchon, un mince corset blanc,
Jupon léger, comme on porte au village,
Embellissaient son embonpoint charmant ;
De ses ayeux elle eut pour héritage
Deux yeux fripons, & deux tettons jolis ;
Ces globes ronds tentaient les yeux du sage,
Et plus souvent la main des étourdis.
O sein brillant ! ô beau sein de Lisette !
Je vous cachai : c'était sous une fleur.
Humble jasmin, timide violette,
De votre fort j'enviai le douceur ;
Vous occupiez la place de mon cœur.
  J'étais putain, ma mere maquerelle ;
Notre talent fut connu des Hébreux ;
J'étais gentille, & quand la fille est belle,
Le chaland vient, & le couvent (1) va mieux.
Mais au Marais nous étions sans pratique,
Cinq ans durant nous y tinmes boutique,
Pas un pigeon n'entrait au colombier :
Que ce Marais est un maudit quartier !
Les gens y sont gauches à toute outrance,
D'un mauvais ton, d'un air d'une innocence !
Enfin l'ami nous y mourrions de faim,

---

(1) Nom honnête qu'on donne à Paris aux maisons consacrées à la débauche.

CHANT IX. 65

Maman me dit Fanchon : il faut demain
Aller glaner ; déja l'Automne avance ;
Vers Vaugirard vous aurez de la chance ;
Le vieux Caſſandre eſt un riche terrein ,
Bon , généreux & galant pour ſon âge ,
Il a des droits , certains droits de *jambage* , (2)
Tâchez un peu d'attraper de ſon bien.
  J'allai glaner dans les champs de Caſſandre.
Il m'apperçut parmi ſes moiſſonneurs.
Ma belle enfant , me dit-il d'un air tendre ,
Quoi ? vous glanez ? glanez plutôt les cœurs !
Un Ciel ſerein , le plus beau payſage ,
L'éclat des champs ne vous égalent point ,
Aline a-t-elle un ſi joli corſage ;
Non , ſon corſet n'a point cet embonpoint.
Filles de l'ombre , ô douces violettes !
Venez parer Fanchon de vos couleurs ,
Ah ! ſi ma main... mais avec de lunettes
Comment pourrai-je arranger tant de fleurs ?
Allez , Monſieur , cela vous plaît à dire ;

---

(2) Droit comique & fort indécent , connu
de nos peres. Un Seigneur mettait dans le lit
de la nouvelle mariée une jambe bottée & épe-
ronnée. Ce droit s'appelle encore en Picardie le
droit de *jambage*. Il n'y a point d'impertinence
que le petit orgueil des hommes n'ai imaginé ,
pour rendre ces petits animaux à deux pieds plus
grands aux yeux de leurs ſemblables , preſque
toujours effrayés de leur petiteſſe. On a tiré du
gibet la honte & la gloire , c'eſt un grand honneur d'avoir au moins une potence au bout de ſon
potager pour avoir le beau privilege d'y accrocher
ſon prochain , une fois en paſſant , pour lui apprendre à vivre.

           E 3

Vraiment mon fein n'eft point fans agrémens.
C'eft trop d'honneurs; mais , Monfieur veut-il rire ?
J'ai trop d'efprit je connais les amants ,
Ils font trompeurs , l'Amour l'eft davantage.
Caffandre étoit un vieillard fort épais
D'efprit fur-tout. A ce brillant langage
Il reconnù que j'étais dn Marais. (3)
Ma belle enfant , êtes vous en ménage ?
Ou par hazard cherchez-vous un époux ?
Combien ? quinze ans : eh c'eft juftement l'âge
Où d'un maris jeune cœur eft jaloux ;
En attendant voulez-vous des noifettes ? (4)
Dans mon jardin , il en croît de parfaites ,
Venez , entrez ; cuillez-en fans façon
Et faites - en bonne provifion :
Mais où les mettre ? attendez , je m'avife...
Il faut les mettre ... où ... dans votre jupon :
Mais , Monfeigneur , je n'ai point de chemife ,
Et vous verriez... hélas ! que puis-je voir ?
Ma pauvre enfant ; je porte des lunettes ;
Et puis après vous partirez le foir :
Vefper accourt & le temps eft fort noir ,
Qui pourrait voir fous le fac aux noifettes ?

---

(3) Le Marais , quartier de Paris où les gens
n'ont point d'efprit , ou bien en ont toujours
trop tard.

(4) L'Hiftorien dit expreffement , que le Bon-
homme mit du bled dans fa chemife , à caufe qu'elle
étoit fans jupon. Il eft probable qu'une fille qui
tient dans fa chemife un demi boiffeau de froment ,
ne peut guere s'empêcher de montrer le fond du
fac. Pour gazer l'anecdote j'ai changé le froment
en noifettes , il ne faut pas me faire un crime de
cette altération ; car je n'aime point les crimes...

Chez nous je vins apporter le préfent.
Voyant mon fac, mon habile Maman,
Me dit : Fanchon, louons la providence,
Ton air galant, & fur-tout mon efprit,
T'aideront bien ; Caffandre eft fans prudence,
Vas dès ce foir, & fans faire de bruit,
Subtilement te glifler dans fon lit.
Comme l'on peut dans le monde on s'avance,
L'un par l'épée, & toi par le fourreau,
Qu'as-tu ma fille ? une frêle innocence,
Et deux moulins, l'un à vent, l'autre à l'eau ;
Un gueux adroit s'attache à l'opulence :
Il a raifon ; car la dure indigence,
De l'univers eft le premier fléau.
Or dans la nuit j'allai trouver Caffandre,
Dans ce moment que mon cœur était tendre !
Mon greluchon dormait tranquillement.
Près de fon lit j'avançai doucement,
J'ôtai jupon, corfet & collerette,
Puis par les pieds j'entrai dans fa couchette.
Mon vieux s'éveille ; il fent je ne fais quoi
De châtouilleux remuer dans fa couche ;
O tendre Amour, cher enfant eft-ce toi ?
Non, c'eft Vénus : c'eft elle que je touche.
Reine des cœurs ! laiffe-moi fur ta bouche
Cueillir encor mille baifers brûlans,
Divin Amour ! que tes feux font puiffans !
Viens-tu donner des fens à ma vieilleffe ?
Viens-tu, dis-moi, de l'aveu d'Oïarou ? (5)
Ou de la part du fourbe Manitou ? (6)
Non, Monfeigneur, excufez ma tendreffe,
Je viens vers vous de la part de l'Amour ;

---

(5) Le Dieu des Negres.
(6) Le Diable blanc de la Nigritie.

Je fuis Fanchon , cette jeune glaneufe
Qui dans vos champs a travaillé ce jour ,
Si je pouvais ? ferais-je affez heureufe ...
Ah ! fi l'efpoir d'un fincere retour .....
Maman m'a dit qu'un galant héritage
Vous diftinguait , que vos droits étaient beaux ,
Je viens chercher votre droit de jambage ,
J'aime beaucoup les droits Seigneuriaux ?
O belle enfant ! ô l'orgueil de ta mere !
Que n'étais-tu du temps heureux d'Homere ?
Où l'on formait de fi fages liens ?
Comment , Fanchon , méprife les modernes ?
Son jeune cœur aime les anciens ?
Comment , ma fille , à quinze ans tu difcernes ,
Comme Dacier , leur mérite éclatant ?
Ah ! que ne puis-je en cet heureux moment
Couvrir ton fein des rofes d'Amathonte ;
Mais chere enfant , ma vieilleffe & ma honte ,
Je voudrais bien ; mais que font ces defirs ?
L'hyver n'eft plus la faifon des plaifirs.
Heureux Titon ! toi feul eus l'avantage ...
Mais attendez , Monbrin , notre barbier ,
Eft un garçon fameux dans le Village ,
Depuis vingt ans il apprend fon métier ,
En nous coupant proprement le vifage :
Il eft habile & favant fur les droits ?
Allons le voir , il me dira , je crois
Bien des fecrets ; il a pour lui l'ufage ,
L'expérience eft la fille de l'âge.
    Caffandre alla confulter fon Monbrin.
Fier d'être heureux il vint le lendemain
D'un ftyle ufé me conter fa tendreffe ,
Deux fois il veut ; mais que veut la vieilleffe ?
Donner des feux , l'hyver eft fans chaleur.
A fes efforts je vois fuir la nature.
Je fus deux nuits fur le lit de douleur ;

Du Sacrement l'agréable jointure
Ne s'ouvrait point aux vœux de mon vainqueur.
    Dans le combat, Caffandre eut trois foibleffes :
Aux Trépaffés, il promet trente Meffes,
S'il peut remplir fon amoureux deffein.
Le Ciel l'exauce, & le Héros faudain,
Sent que l'efpoir reffufcite fon ame ;
Son œil éteint, fubitement s'enflamme,
Au rouge heureux répandu fur mon fein.
Époumoné, fatigué comme mille,
Mon greluchon ; dans fa courfe tranquille,
Recule, avance, & lâche comme un grand,
Refte fans vie en achevant l'ouvrage,
Un Duc & Pair en aurait fait autant.
Car les Seigneurs n'ont pas tout en partage,
Dans la couliffe ils ont raté fouvent.
    Le Roi Breton, las peut-être d'entendre
Vanter la honte & l'amour de Caffandre,
Sur le gazon s'endormit doucement ;
Jean l'apperçoit, Amour viens à fon aide !
Fanchon, hé quoi ? .... mais, Fanchon n'eft
            point laide ?
Son cœur eft bon, on peut toucher ce cœur.
Viens te livrer ma fille à la tendreffe,
Et dans mes bras goûter le vrai bonheur.
Laiffe ton vieux ; que pourrait fa vieilleffe !
Ah ! pour manquer à la loi du Seigneur,
Il faut au moins des talens au pécheur.
J'en fuis pourvu : vois-tu mon encolure,
Ce bras nerveux ? la féconde nature
Sur mon enfemble épuifa fa vigueur :
Viens, hâte-toi d'éprouver ma valeur.
    Fanchon d'abord faifant la précieufe,
Se rengorgeait ... vraiement y penfez-vous ?
L'honneur, Monfieur ... tenez, je fuis honteufe,
De la vertu mon cœur eft trop jaloux,

Car la vertu n'eſt qu'une circonſtance ?
Quoi ! voudriez-vous . . . ah ! bon Dieu quand
       j'y penſe !
Vous , me baiſer ? Écartez cette horreur ,
Je ne pourrais . . . voyez-vous ; ma frayeur
Redoublerait , je perdrai connoiſſance.
   A ce diſcours , Jean ſourit dans ſon cœur ,
Il prend Fanchon & doucement la pouſſe
Contre un buiſſon , l'embraſſe tendrement ,
Puis d'une main le barbare la trouſſe ,
De l'autre il cherche . . . ô ſupplice effrayant !
Deux fois Fanchon veut rabattre ſa cotte ,
Son ſein palpite aux apprêts du tourment ;
Dans les déſerts d'une vaſte culotte ,
Jean furte , cherche ; ô prodige étonnant !
Au lieu d'un peigne , (7) il trouve une chandelle.
A ce ſpeĉtacle une rage cruelle
Se peint ſoudain dans les yeux de Fanchon.
Jean ſans parole à ce terrible affront ,
Pouſſe un ſoupir , Saint Dunſtan ſe réveille ,
Crie au miracle ; au pied de la merveille
Il s'agenouille en béniſſant le Ciel.
Dans l'air on voit deſcendre Gabriel ,
Aux pieds de Jean l'Ange tombe en extaſe ,
Signe ſon front , bénit trois fois la grace ,
Et du Seigneur admirant les deſſeins ,

———————————————————

  (7) Il y avoit ici une lacune , nous avons cru
faire plaiſir au Leĉteur éclairé , en la rempliſſant
du mot honnête de *Peigne* , parce qu'il eſt probable que Jean dans ce moment voulait peigner
Fanchon , à l'exemple de M. le Duc de *** à
qui l'âge ne permettant plus de grands travaux ,
s'amuſe aujourd'hui à peigner le . . . des . . . c'eſt-
à-dire les filles.

Il leve au Ciel ſes innocentes mains :
Dieu de Jacob ! ô puiſſance éternelle !
Ton œil ſourit aux projets des humains !
Jean veut pécher, & ta main paternelle
Change à l'inſtant ſon priape en chandelle :
Ainſi Barjone a vu dans un feſtin,
Sous tes regards l'eau ſe changer en vin ;
Le Juif, au ſon d'une faible trompette,
Vit à ſes pieds les murs de Jéricho ;
Au mouvement d'une mince baguette,
L'onde fit place au gendre de Jéthro.

Ingrat, brûlé des feux de l'adultere,
Infame époux, impitoyable Jean,
Viens, reconnais le bras du tout-Puiſſant,
Cette Chandelle eſt encor un myſtere ;
Mais cette nuit le Ciel t'éclairera ;
Cours aux autels appaiſer ſa juſtice ;
Et toi, Dunſtan, conduits Jean chez Patrice :
Sur ſon deſtin ce vieux Saint l'inſtruira.

L'Ange auſſi-tôt, de ſa main immortelle,
Arrache à Jean la divine Chandelle,
Et gravement tenant le lampion,
Comme Denis monté ſur un rayon,
Vers l'Eternel ſubitement s'envole.

Jean retrouvant ſon peigne (8) & la parole,
Les yeux au Ciel le cœur en oraiſon,
Fait au Très-Haut cette ardente priere :
Que ta bonté, que ta grace pleniere :
Dieu trop puiſſant, m'ont cauſé de guignon !
Un jupon court, ſans ton triſte miracle,

---

(8) Il y avait ici la même lacune, c'eſt le même
rempliſſage.

A mes defirs n'oppofait point d'obftacle ;
Dans fes beaux bras , la fenfible Fanchon ,
D'un bonheur pur couronnait ma tendreffe ;
Las d'être époux je devenois amant ,
Encor un pas , je goûtais la foibleffe
Dont ta puiffance honora mon néant.

CHANT

C H A N T X.

S. Dunſtan conduit Jean au Purgatoire
de S. Patrice. Leur paſſage à Paris.

Dunſtan & Jean ont paſſé l'Italie,
La Suiſſe avare étale à leurs regards
Ces beaux jardins, où le Dieu du Génie
Reçoit l'encens des Héros & des Arts.
Brillant rival de Corneille & d'Homere !
Pere du Chant ! ô mon Maître ! ô Voltaire !
Dunſtan t'a vu, Que Dunſtan eſt heureux !
Ah ! ſi la faim, la pénible miſere,
Ne M'enchaînaient dans leurs fers douloureux,
J'irais parer tes autels de guirlandes,
A tes foyers, ornés de mes offrandes,
Je brûlerais un légitime encens ;
Je fléchirais tes Pénates propices ;
Mes vers heureux, écrits ſous tes auſpices,
Seraient ſans doute applaudis des talens.
Des champs d'Arcueil déja Dunſtan découvre
Les boulevards du ſuperbe Paris ;
Déja ſes yeux ont vu du haut du Louvre
Un peuple immenſe aux genoux de Louis.
Français pour vous que ce jour a des charmes !
Livrez vos cœurs au plus ardent tranſport.
Que le plaiſir faſſe couler vos larmes,
Louis revient, il a vaincu la mort.
Sur les genoux de l'éternelle Hygie,
Metz à l'inſtant va l'offrir à vos yeux.
Bonheur des Rois, amour de la Patrie,
Rempliſſez l'air de vos chants glorieux ;
Venez chanter les ſuccès de la France :
La Paix, les Arts, la Gloire & l'Abondance

G

Vont triompher dans l'Empire des Lis ;
Je vois tomber l'autel de la Finance,
Epars au loin fous fes vaftes débris,
J'entens crier la Boiffiere & Paris. (1)
  D'un regard froid le Saint long-tems ad-
mire
Ces fous charmans, ce variable empire,
Où tous les goûts ont fixé leur fejour,
Où le caprice & la raifon volage,
Des mêmes fleurs couronnent tour-à-tour
Le fein d'Églé, les chanfons de l'amour,
Et quelquefois le front ferein du fage.
  Sur ces remparts où la frivolité,
Le Dieu du jour & la fatuité
Viennent chanter aux pieds du Perfiflage,
Dunftan a vu des tableaux merveilleux,
Où de Téniers le pinceau curieux
A peint exprès en vieille enluminure,
Chaumeix, Hayer, l'indocile Beaumont ;
Comme un cheval tiré d'après nature
Au gros charbon, l'animal Jean Fréron,
L'Ange des fots, la honte du beau ftyle ;
A fes côtés Paliffot l'imbécille,
Peint à la grecque, eft hué des paffans ;
Environné de lauriers éclatans,
On voit Rosbac au pied d'une éminence ;
Quatre Tambours, remplis d'expérience,
Donnent de loin le fignal du combat ;
Mars en chenille, orné d'un chapeau plat,
Conduit au feu des portraits à la mode,
Des vieux Pantins, des Perruquiers Français ;

---

(1) Je ne cite que ces deux Fermiers pour épargner au public l'ennuyante lifte d'une bande de
frippons qu'il détefte depuis long-temps.

Arnaud (2) plus loin célebre dans une Ode ,
De ces Héros les étonnans fuccès ,
En clair obfcur un moderne Ergumene
Foulait aux pieds les palmes de Boileau ,
D'Ariftophane & les vers de Rouffeau. (3)
Petit Auteur du mince Ariftomene ,
Qui des neuf fœurs prêchés les nourriffons ,
Quittez ces foins , ne perdez pas vos veilles ,
De leur travail inftruit-on les abeilles ?
Eft-ce aux Génies à fuivre des leçons ?
Galant conteur d'Hortenfe & de Timante ,
Chantez Lubin , peignez-nous fon amante ,
Pour honorer votre conte enchanteur
Demain , Baftienne avec fon Confeffeur ,
D'un fot enfant de l'Opéra-Comique
Enrichiront le Fauxbourg Saint-Laurent. (4)

---

(2) Le Poëte Lyrique du cul de Manon. Il
fait emboucher la trompette deshonnête du temple de la fottife.

(3) Marmontel s'eft avifé de dire dans fa Poë-
tique tout le mal poffible d'Ariftrophane , de Virgile , de Boileau & du Poëte Rouffeau.

(4) *Madame Favart & l'Abbé de Voifenon ,
ont mis en Opéra quelques Contes de Marmontel. Voici la Chanfon qu'on fit courir à Paris
à l'occafion d'Annette & Lubin.*

CHANSON,

*fur l'air : Il était une fille , Romançe Villa-
geoife tirée du même Opera.*

Il était une femme
Qui pour fe faire honneur ,

Peint à la craie , un gros crâne à l'antique
Fixait fur lui les regards du paffant ,
C'était Trublet , qui , l'œil fur fa lorgnette ,
Ne penfant rien , *compilait* maint écrit.
Tout vis-à-vis , Dubelloy fans efprit ,

Se joignit à fon Confeffeur ;
Faifons , dit-elle , enfemble
Un ouvrage d'efprit ,
Et l'Abbé le lui fit.
  Il cherche en fon génie
De quoi la contenter ,
Il l'avait court pour inventer ;
Prenant un joli Conte
Que Marmontel ourdit ,
Deffus il s'étendit.
  On a dit qu'un troifieme
Au travail concourut ,
C'eft Favard qui les fecourut ;
Aux œuvres de fa femme ,
C'eft bien le droit du jeu
Que l'époux entre un peu.
  Efprit , naturel , graces ,
Tendre fimplicité ,
Tout cela fut du Conte ôté.:
On mit des gaudrioles ,
De l'efprit à foifon
Tant qu'il fut affez long.
  A juger dans les regles ,
La piece ne vaut rien ,
Et cependant elle prend bien ,
Lubin eft fûr de plaire,
On dit qu'Annette auffi
En tire bon parti.

Du vieux Froiſſard rimaillait la gazette,
Tout Paris court à ſes douteux ſuccès :
Pour faire honneur à ſon drame imbécille,
Des Magiſtrats ſur les murs de leur Ville,
Entre Saint-Pierre (5) & feu Jean de Calais,
Ont du rimeur accroché l'effigie,
O Dubelloy ! ton aride génie,
Tes lauriers ſecs, ſont dus à la Clairon.
Des vieux foyers, cette antique Bergere,
Depuis cinq ans, t'a fait ſon greluchon ;
Pour lui marquer ton amitié ſincere,
Deux fois le jour tu panſes ſon ulcere, (6)
Pour un rimeur, ô l'honnête garçon !
    Dans un tableau que ſoutient la folie,
Mais que Moliere orne de milles fleurs,
L'Auteur plaiſant de la Métromanie, (7)

---

(5) Les Magiſtrats de Calais ont accordé à M.
Dubelloy tous les honneurs que les garçons Bou-
chers rendent au carnaval au bœuf gras. On a
enjolivé la mignature du Dramatique de romarins,
de perce-pierres & de coquillages. Les applau-
diſſemens que Paris a donné au ſiége de Calais
prouvent le mauvais goût du ſiécle & la décaden-
ce du bon.

  (6) Un Dieu, non pas celui du goût, a affligé
la Clairon d'un ulcere que l'honnête Dubelloy
panſe deux fois le jour. Cet accident menace la
France de la perte de cette Hiſtrione. Un peuple
qui devient tout comique, & qui a perdu l'inſtinct qu'il avait autrefois pour l'état, doit naturellement trembler en voyant un ulcere dévorer
en détail, celle qui fait depuis ſi long-temps ſes
plaiſirs.

  (7) La métromanie, le chef-d'œuvre du Théâtre

G 3

D'un air malin, montrait aux fpectateurs
Les immortels nés de l'Académie. (8)

Peintre des fleurs, Poëte du Printems ,
Heureux Bernis , j'apperçois votre image ;
L'art vous a peint au fond d'un payfage ,
Où l'horifon , femé de vers luifans ,
De fon éclat embellit vos ouvrages.

Le Saint honteux d'avoir perdu fon temps,
A contempler tant de fots perfonnages ,
Quitte Paris , & traverfant Noyon ,
Amiens , Boulogne, arrive en Albion.

Au vafte fond d'une froide caverne ,
Digne réduit des enfans de l'Averne ,
Un Dieu Romain a fixé fon féjour.
Ce trou fameux eft couvert de montagnes ,
Jamais les fleurs ne croiffent alentour ,
Ces fales noirs , ces arides campagnes
N'ont jamais vus l'éclat du Dieu du jour.
Sur l'Océan eft cet endroit horrible :
L'étroite entrée eft prefqu'inacceffible :
Onc on ne voit fur ces rochers déferts
Que les débris difperfés des naufrages ,
Ou les mortels, que le flux des orages
Ont apporté du vafte fein des mers.

Ce lieu caché fi l'on en croit l'hiftoire ,
Par les Anglais fut nommé Purgatoire. (9)

---

depuis Moliere. Cette Piece excellente n'a pas
eu l'éclat de la rapfodie du Siége de Calais.

(8) Marmontel , Saurin, Trublet : Hélas! fi la
Fontaine , Boileau , la Bruyere voyaient ces gens-
là. fur leurs fiéges , quelle idée auraient-ils de
notre goût.

(9) La note , ou l'hiftoire de ce Purgatoire ,
eft à la fin du Chant.

Depuis mille ans , Patrice le Breton ,
Du fot bigot , y reçoit l'oraifon ;
Pour le choyer , on allume à fa gloire.
Gomme , réfine & parfum très-puant ,
Dont Rome enfume encor le Tout-Puiffant. (10)
Dunftan conduit Jean aux pieds du vieux Prêtre ,
Le Saint voyant un plat Artéfien ,
D'un air bénin lui demanda : mon Maître ;
N'êtes-vous pas Académicien ?
Car dans Arras la Bibliographie
Fonda , dit-on , nombreufe Académie ,
Tripot habile , eftaminet favant ,
Qui chaque mois differte éloquemment
Sur la hauteur qu'avait dans l'origine ,
Chez les Flamands la premiere chopine.
Hélas ! dit Jean , faluant le Patron ,
Je fuis , grand Saint , un pauvre compagnon ,
Comme Bonel (11) je n'ai point de génie ,

---

(10) Nos encenfemens font bien ridicules , ils
incommodent nos femmes, gâtent nos habits. Il
faut que nous foyons furieufement bêtes pour
nous imaginer que Dieu chérifse la fumée , &
bonnement le croyons-nous fait pour partager
le gâteau avec un Seigneur de Paroiffe & des
pagodes de Marguilliers ? Pourquoi cette idolâtrie
n'a-t-elle pas encore effrayé les dévots , fi acharnés contre la raifon & les Philofophes.

(11) Bonel, Moine non lettré. Ce Frere Jardinier
a compofé , fans favoir lire , ni écrire un Livre fur
les choux & les raves de fon pays , avec un fupplément confidérable fur les bettes-raves , & les
autres efpeces de bêtes , dédié à l'Académie. Cette merveille lui a mérité une place dans l'Eftaminet littéraire d'Arras.

Tout mon bon fens eft dans un violon ;
J'en racle fort, c'eft ma profeffion,
Et fais fouvent danfer l'Académie.
Bien te remets, répond le Saint Breton ;
Ta haine injufte a fait pleurer Marie,
Pour fe venger l'Eternel, dans Arras,
Avant trois jours va déployer fon bras ;
Des feux ardens brûleront les coupables ;
J'entends déja fes carreaux rédoutables,
Le bruit tranchant de la faulx du trépas,
Quand fur la nuit l'amante de Céphale
Fera rouler fon char d'or & d'opale,
Que fa main blanche ouvrira dans le Ciel
Au Dieu du jour la porte orientale,
Sur les genoux de l'Ange Gabriel,
Le front couvert d'une grace immortelle,
Tes yeux verront la fille Joachim :
Un beau crachat (12) éclate fur fon fein,
Un fceptre d'or orne fa main pucelle,
Et fous fes pieds une chaîne éternelle
Tient dans fes fers le Démon & Calvin.
Tu la verras defcendre avec la gloire
Sur ton chevet écarter la nuit noire ;
Ton ciel de lit, couvert de Chérubins,
Retentira de cantiques divins.
O l'heureux Jean ! notre Médiatrice
De ton courroux calmera la fureur
La douce paix de fa bouche propice
Par un baifer coulera dans ton cœur.
Va, fois heureux autant que le Ciel même ;
Jouis, mon fils, de la gaieté fuprême,
Que l'Eternel accorde à fes élus ;

_____

(12) Crachat, nom qu'on donne en France au
S. Efprit.

Va mériter ſes palmes immortelles ,
En Paradis , ſes faveurs éternelles ,
Couronneront tes modeſtes vertus.

   Diſant ces mots , le ſaint à barbe griſe ,
De ſon étole entoure la Terreur ,
Et par trois fois ſaintement l'exorciſe
En conjarant le Diable & le Sauveur :
Tel dans Arras le jour que Bonneguiſe (13)
Chomme la manne , un Prêtre évangéliſte ,
Des pélerins les flots tumultueux
Qu'un vieil uſage attire dans ces lieux ,
Et qui ſoudain , pour conſerver la grace ,
Au cabaret vont boire à pleine taſſe.

---

  (13) L'Evêque regnant.

  Le Purgatoire de S. Patrice eſt une ancienne
bêtiſe qui a fait beaucoup d'éclat , dans le temps
que nos peres étaient des ſtupides. L'exiſtence de
ce trou fameux a été prouvée par une nuée d'Auteurs & de Saints ; ce qui prouve , que les Ecri-
vains Sacrés ne ſont pas ſi croyables que M. Joly
de Fleury veut le perſuader dans ſes Diſcours au
Parlement.

  Voici les reſpectables & croyables témoins qui
ont garanti cette fable. *Le Cardinal de Vitry* en
parle dans ſon Hiſtoire d'Orient. *Matthieu Paris*
dans celle d'Angleterre. pag. 4. chap. 10. S. Antoine dans ſa ſomme , aſſure que Dieu montra
ce Purgatoire à S. Patrice. Denis le Chartreux.
chap. 4. *de Noviſimis*. Henri de Salteries *Salte-
rienſis* , Auteurs du onzieme ſiecle , rapportent
que J. C. fit voir la caverne du Purgatoire à S.
Patrice. Giraud de Cambrai *dans ſa Tipographie
de l'Hibernie* ; Cæſarius , & enfin Mauriques *dans*

ſes Annales inutiles *de Cîteaux*, tome 4. liv. 7.
pag. 204, cite tous les Auteurs qui ont parlé de
cette fable Le R. P. François Bouillon, Cordelier
nous a donné en 1659 une Hiſtoire du Purgatoire
de S. Patrice, approuvée de la Sorbonne, aſſez
niaiſe pour accorder des privileges à des ſottiſes ;
ce qui démontre, que depuis la naiſſance de cette
Ecole, juſqu'au ſiecle de l'Abbé de Prades, nos
ſages Maîtres ont toujours été des ſots.

Voici le précis hiſtorique du Trou de S. Patrice.
Ennius agité du ſouvenir de ſes crimes, ne pouvait goûter aucun repos, il fit pluſieurs pélérina-
ges, viſita les ſaints lieux, implora les ſecours
de tous les Saints ; les Bienheureux à qui il s'a-
dreſſa, étant tous de bois, de marbre, d'argent
ou de bronze, étaient froids & naturellement
durs ; ils ne purent ſoulager Ennius. Le Docteur
déſeſpéré allait aſſez prudemment ſans mot dire
à perſonne, ſe jetter dans la riviere, lorſqu'il
entendit une voix céleſte qui lui dit : *Deſcends*
dans le Purgatoire de S. Patrice, tu obtiendras la
rémiſſion de tes péchés & la délivrance des peines
qu'ils méritent.

Ennius part pour le Purgatoire, & après des
aſperſions, des confeſſions, des communions
préparatoires, il entre dans la Caverne, où il
voit des prodiges étonnans, où il entend des
tonnerres effroyables. Au milieu de ce lieu horrible était aſſis le Souverain Juge des vivans & des
morts. Il vit amener à ſes pieds un gros Bénédictin, porté par quatre Diables, qui ſuaient
& ſuccombaient ſous ce peſant fardeau. Le Juge
condamna ce Moine aux Enfers pour avoir empêché les fideles de faire d'inutiles charités aux
Capucins indignes. Un Chanoine pour avoir cou-
ché avec ſa ſervante, fut condamné à porter toute

fa vie l'habit craſſeux de S. François. Un autre eſt
délivré des flammes éternelles, pour avoir donné
de la paille aux Capucins, & le Juge ordonne
que la paille ſoit délivrée aux Diables pour ſervir
à les brûler dans l'Enfer. Ennius ſortit de cette
caverne nettoyé de tous ſes crimes.

De pareilles fables que la Religion a crues & a
prêchées, ſont bien capables d'ouvrir les yeux du
ſage. Le Ciel ne nous a donné que la raiſon, ne
ſuivons qu'elle ; que peut-on nous donner de
mieux que la raiſon? je le demande à M. Joli de
Fleury, & à Maître le Daim, du côté du Greffe,
comme dit le grand pere de Guillaume Vadé.

CHANT XI.

Dunstan & Jean retournent à Arras. Un orage
les surprend au - dessus de l'Abbaye d'Aven-
nes : accident qui arrive à Jean, les suites
de ce malheur.

HEur & malheur accompagnent toujours
Nos tristes pas : au sein des doux amours
Un jour, hélas ! j'éprouvai leurs disgraces.
Toi que j'aimais, toi que suivaient les Graces,
Et que Vénus orna de ses appas ;
Te souvient-il, Lise, quand tes beaux bras
M'enveloppaient dans ces rians bocages,
Zéphir jaloux de nos tendres plaisirs,
D'un doux murmure agitait les feuillages ;
Ton sein naissant, ouvert à mes desirs,
Abandonnait, à mes lèvres brûlantes,
Ces lis charmans, qui ravissaient mes yeux.
Moment chéri ! transports voluptueux !
Où suis-je ? ô Ciel ! à mes mains pétulantes,
Perfide Amour, que tu livres d'attraits !
Jeune Zéphir suspendez vos regrets,
N'enviez plus le sort qui me couronne.
Dans mon bonheur Lisette m'empoisonne ;
Un doux venin coule avec ses faveurs :
Témoins secret de mes vives douleurs,
O grand Saint Côme ! à qui le Ciel propice
Donna le soin de soulager nos maux,
Du vieux serpent corrigez la malice,
A mes douleurs accordez du repos,
Ou de Colomb retirez le calice.
Si dans nos champs vous aviez des autels,
Le cœur rempli de vos biens immortels,

J'irais

J'irais placer auprès de votre image,
Et le tableau de mon trifte naufrage,
Et le récit de mes cuifans regrets ;
Je le peindrais de ces traits pleins de flamme,
Tel que le fent & peut le peindre une ame,
Reconnaiffante à vous rares bienfaits. (1)
 Ami Lecteur, fi vous êtes plus fage,
Contre un rofier ne vous frotté jamais :
Bien je comptais trouver un pucelage ;
L'épine tient à l'arbre de l'amour,
Bien l'ai fenti dans ce funefte jour.
Heur & malheur font pour notre nature,
Jean l'éprouva, voici fon aventure.
 Le fier Dunftan, monté fur fon cochon,
Du Purgatoire à quitté l'horizon :
Le nez toujours ferré dans la pincette,
Jean triftement voltige à fon côté ?
Déja de loin il a vu la retraite,
Où Pecquini, Cythere & la beauté,
Vont dès l'aurore, en corfet de bergere,
Chanter en chœur les leçons du bréviaire,
Et fur le foir les hymnes de l'Amour, (2)
 Du vieux Douai Jean découvre la tour ;
Il t'apperçoit, févere Radamanthe,
Ton diadême eft un réchaud fans fond,
Ton fceptre affreux la fourche de Pluton.
A ton afpect Apollon s'épouvante,
J'entends frémir les bords de l'Hélicon.
Fais triompher la fourbe & l'injuftice,

---

(1) Nous fommes intimement perfuadés que ce préambule eft une fiction pour nous, & une vérité pour M. le Duc D.... Voyez le Colpolteur.
 (2) L'Abbaye de Flines, où il y a de très-jolies Vierges.

H

Ramenes-nous le fiecle de Sylla.
Pourquoi ton fein injuftement propice
Veut-il nourrir l'hydre de Loyola ?
Ton fier mortier fur fa tête effroyable ,
Ton glaive ardent dans fa griffe coupable ,
A tes côtês épouvantent les Rois.
Couronnes-tu les forfaits de ces traîtres ;
Ne crains-tu rien pour les jours de tes Maîtres?
Entre leurs mains ta balance eft fans poids ;
Né chez Damiens (3) ton cœur fans bienfaifance
Oublierait-il les dangers de Louis ?
Dans quel malheur veux-tu plonger la France?
Rappelle-toi leur perfide vengeance :
Ilt ont frappé le dernier des Henris.

   Vierge inconnue à la chafte innocence ,
Reine des fots , étroite bienféance ,
De tes couleurs vient tremper mon pinceau ,
Il faut des fleurs pour cacher ce tableau ;
Sa nudité blefferait le coupable.

   Jean & le Saint allaient au gré du vent,
Quand vers Arras , un orage effroyable
Les affaillit au-deffus d'un Couvent.
En vain Dunftan conjure la tempête ,
Parle à la foudre & commande aux éclairs,
Le froid Nord Eft qui gronde fur fa tête
Sifflant au loin lui répond dans les airs.
Le pauvre Jean , balancé par la fondre ,
Croit que fur lui le Ciel va fe diffoudre ,
Veut fe tirer des mains de Saint Dunftan.
En s'agitant de la pince il s'échappe ;
Subtilement le faint Roi le rattrape

---

(3) Ce M. eft de la Thuyloie. J'ai de grandes
raifons de me plaindre de ce tyran, fa colere m'a
facrifié à la haine des Jefuites.

Por son engin ; la pince au même instant
Tout rasibus lui coupe l'instrument ;
Dunstan surpris redoublant de vîtesse,
Court après Jean, le saisit par la fesse,
Et gravement l'emporte dans Arras.
   Muse, dis-nous, comment le piteux cas,
Du pauvre Jean, venant du Ciel en terre,
Alla gaudir dans un saint Monastere
Mainte Nonette ; & comment Sœur Suson
Sentit bientôt mouvoir sous son jupon,
Ce fier objet cher à la créature.
Près d'un ruisseau, couronné de verdure,
Que chaque Nonne a grossi de ses pleurs,
Où l'onde triste en s'éloignant murmure
De voir ses bords en proye à cent douleurs ;
La jeune Sœur, d'une main innocente,
Légérement caressoit son beau sein ;
Dans ce moment, sur sa gorge naissante,
De la Terreur tombe le triste engin.
Sur ce sein blanc Priape s'électrise,
Et du corset glissant sous la chemise,
Il va se perdre, on ne sait pas bien où :
C'était je crois . . . . ce n'était pas au cou.
   Du doux plaisir la flamme enchanteresse
Coule à grands flots dans le sein de la sœur.
Divin Jesus ! Seigneur que ta tendresse
Est généreuse aux besoins du pécheur !
De quel bienfait combles-tu ton image . . . !
O Ciel ! Amour ! plaisir où mon cœur nage !
J'expire ! où suis-je ? à ces cris trente sœurs
Viennent en pleurs au secours de la Nonne ;
D'un ton dolent sœur Tecle la questione :
Dans quel endroit sentez-vous des douleurs ?
Votre rosier va-t-il porter des fleurs ?
Ou sortez-vous des jours caniculaires ?
Le Jardinier ou d'autres téméraires

H 2

Ont-ils ofé ... mais, ma fœur, parlez-nous ?
L'œil vers le Ciel, Sufon fortant de crife,
S'écrie : Amour, que tes charmes font doux !
Ton feu brûlant ... ô plaifir ! je m'épuife :
Godemiché foudain de fa chemife
S'échappe, vole, & de fon onction
S'en va remplir la mere Cornichon,
Sœur Bobillon, la vénérable Abbeffe,
La fœur Percé, la plus jeune profeffe ;
En moins d'une heure il chomme le bercail.
Anéanti d'un fi rude travail,
Il tombe enfin fans force & fans haleine.
Un chat le voit palpiter fur l'arene ;
Le long du froc de la fœur Nicolas,
Le ventre à terre il vient à petits pas,
Droit vers l'objet en guettant il avance,
Recule un pas, faute, tombe, s'élance
Sur l'oifelet, & l'emporte foudain.
Pour l'arrêter ; Sœur Luce court en vain ;
L'adroit matou dévance la Tourriere,
De mur en mur il gagne la gouttiere,
Croyant bientôt raffafier fa faim,
(Qui peut compter fur les coups du deftin !)
Paffant le toît d'une Collégiale,
Il laiffe cheoir fon butin dans la Halle.
    Mainte Poiffarde accourt à cet objet ; (4)
Commere, voit .... dame, ça paraît drôle !
Dis-moi, ton homme en a-t-il un fi fait ?
Comment, morbleu ! gibier de cafferole,
Il eft monté, fon vigoureux giblet .....
Tiens, je foutiens que le Saint Pere à Rome
Eft un nigaud en ça près de notre homme.

---

(4) Ce font des Poiffardes qui parlent, le cof-
tume m'oblige à leur faire parler leur langage.

Ton amoureux t'en fait-il voir autant ?
Cela vaut mieux pour toi qu'un quart de toile :
J'on vu ton homme & tâté fon merlan ,
Le bel Anchois , (5) il ne vaut pas la fauce.
Va je t'en f ... que le Démon me hauffe ....
Mais tu fais bien de la chienne aujourd'hui ,
Va , ton mari n'eft qu'un grand bande à l'aife ,
Si quelque jour par miracle il te baife ,
Il ne fera qu'un bougre comme lui.
　Mere Fanchon , putain & bouquetiere ,
Dit : taifez vous , trouvaille eft à moi ,
J'ai vu du Ciel tomber ça la premiere ...
Manon prends garde , & Jeanne contiens-toi ?
Car , jerni Dieu ! je vous tordrai la gueule :...
Dame ! voyez cette affreufe bégueule ,
Qui devant nous ofe dire , je veux ...
Donnez-lui donc : elle a place pour deux.
Petit Jefus ! n'en avez vous point mille ...
Te fouviens-t-il des remparts de la Ville ,
Quand Boubonnais était en garnifon ? , ...
Ce mot lâché , crac , la mere Fanchon ,
D'un fier foufflet vous cole la Manon.
Poiffardes font femmes qui fe défendent ;
Les coups de poing fe donnent & fe rendent ;

---

(5) Anchois. Quand le Roi revint de Metz ,
les Poiffardes de Paris criaient dans les rues où il
paffait. *Vive le Roi , que fon Anchois foit toüjours
droit.* Cette faillie fortie de la caque , plut infiniment. En prononçant cet Oracle , les Comme-
res expérimentées n'ignoraient pas que la Révérence de l'Anchois , eft ordinairement un grand
figne de fanté ; comme dit Hipocrate au chapitre
des Anchois.

　　　　　H 3

Fichus , jupons , de vos triſtes débris ,
Caques , pavés , blancs , ſieges ſont remplis :
Les airs au loin de leurs cris retentiſſent ;
Vingt poliſſons à leurs coups applaudiſſent ;
Dans le marché tout paraît confondu ;
Concluſion ; le lapin eſt perdu.

CHANT XII.

Une maladie épidémique attaque l'Artois. La Vierge, une Chandelle à la main, va trouver la Terreur. Reconciliation de Jean & de Jerôme.

LE bien, le mal composent l'Univers,
Ils font par-tout, & même dans mes vers;
C'est un bonheur pour le mortel né libre,
D'être bercé par leur juste équilibre.
A ce défaut, l'un d'eux féparément,
Pourrait guider les pas certains du fage;
De cette preuve un Cordier est l'image.
Filant fon lin, marchant en reculant,
Que Dieu l'avance ou Satan le recule,
Il fait toujours fa corde également.
Mais quoi, tandis que ma main ridicule
Veut nuancer de bizarres couleurs,
Du bien, du mal l'étonnant affemblage,
Sur quel pays vois-je fondre l'orage?
L'Artois fuccombe à fes triftes malheurs;
Ma Mufe tremble, & fa frayeur augmente;
La pâle Mort s'élance du tombeau,
Je vois voler fa faulx étincelante;
Le figne ardent d'une fievre brûlante
En traits de feu s'imprime fur la peau.
Gazet (1) nous dit dans fa groffiere hiftoire,
Que l'Eternel, pour affermir fa gloire;
Marquait ainfi d'un feu vif & brûlant,

_____

(1) Mauvais Auteur d'une Hiftoire Eccléfiafti-que des Pays-Bas.

L'endroit du corps qui fervait au coupable
A tranfgreffer fa loi trifte & durable.
　Eglé voyàit noircir fur fon fein blanc
La fraîche rofe, où la main d'un Amant
Avait furpris des faveurs raviffantes.
Ce teint brûlant, fur la peau des fervantes,
Vers le nombril était plus tranfparent.
Le Loyola portait fur fon derriere
Le noir cachet de fes coupable feux.
Là, maint Curé, près de fa Chambriere
La feftoyant, voyait l'endroit verreux
Où le Seigneur imprimait fa colere.
Un Moine ardé de ces feux au pendant
Du plus enflé, dans ce double accident
Criait au Ciel : guériffez la brûlure,
Mais pour Manon confervez mon enflure.
　Reine des Cieux ! fille augufte des Rois !
D'un trifte peuple entends la faible voix ;
Un poifon lent dans fes vèines fe gliffe,
L'aveugle Mort s'apprête au facrifice,
Je vois fon glaive étendu fur Arras :
Du fein de Dieu defcends, Vierge immortelle !
Viens arracher la faulx de la cruelle :
Sion t'a vu triompher du trépas.
　Toi, qu'enfanta le néant redoutable,
Et que chaque être a nourri dans fon fein,
Jaloufe Mort, dont le fer implacable
Eft ici bas le fceptre du Deftin,
Fuis loin de nous ; par fes tegards propices
A nos malheurs, Marie offre un fecours :
Nous allons voir, fous fes heureux aufpices,
De nos beaux jours recommencer le cours.
　Anges du Ciel ! enfans de la lumiere !
De vos lauriers parez le Firmament,
Des Cieux Marie a franchi la barriere ;
J'entends rouler fon char de diamant.

L'Aftre du jour refplendit au tour d'elle ;
Une Chandelle en fa main éternelle
Va diffiper les ombres de la mort.
Tranquille Artois , bénis ton heureux fort.
  Du fein doré d'une brillante nue ,
Chez la Terreur, Marie eft defcendue :
Monftre , dit-elle , à qui mon faible cœur
A prodigué fa douce bienfaifance ,
Je viens encor , quel excès de clémence !
A tes regards préfenter le bonheur.
Jadis mon Fils te fit à fon image ,
Ingrat , noirci de ces bienfaits nombreux !
Ta haine indigne a terni fon ouvrage ,
Et ta vengeance a fait rougir les Cieux.
Sors de ton lit , va trouver Nulfifrore ?
Dans fon cœur froid va rallumer la paix ,
Et rougiffant tous deux de votre faute ,
Venez encor mériter mes bienfaits.
Vois-tu, mon fils , cette fainte Chandelle
Qui va fauver les triftes jours d'Arras ;
Au pur éclat de fa flamme immortelle
Tu verras fuir la fievre & le trépas.
Le jour facré qu'on célebre la Manne , (2)
Dans cette Eglife où Judas le profane , (3)
Eft noblement pendu parmi les Saints ,

---

(2) On adore dans l'Eglife d'Arras la fainte
manne.
(3) A la porte de la Cathédrade de la même
Ville, on voit les figures des douze Apôtres. Celle de Judas accrochée à un arbre , eft en rang
d'oignons avec les autres. Les Artéfiens fort re-
connaiffans, ont dreffé ce monument à Judas If-
cariotes, pour conferver la mémoire de ce pauvre
défunt.

Fais remplir d'eau vingt ou trente baſſins ;
Puis doucement dégoutte dans icelle
Un peu de ſuif de la ſainte Chandelle ;
Ceux qui boiront de cette eau ſaintement ,
Des feux ardens guériront au moment.
Or , dès demain , quand le naiſſante Aurore
De ſes couleurs peindra les champs de l'air ,
Va-t-en trouver mon Serviteur Lambert ,
C'eſt un Prélat que ma tendreſſe honore ;
Tu lui diras . . . . mais à propos , mon cher ,
Es-tu pourvu d'un peu d'intelligence ¿
Et ton gros crâne a-t-il du jugement ?
Là , ſaurais-tu tourner un compliment ?
Non , ſur mon Dieu , je n'ai point d'éloquence ,
De compliment voir je ne ſais un mot ;
Un brin je peux defiler mon chapeau ,
Très-gauchement faire la révérence ;
Mais quand par fois l'on boit à ma ſanté ,
Tout auſſi-tôt je trinque avec les autres :
Vierge , excuſez mon incapacité ,
Appris je n'ai qu'un peu mes paténôtres ,
Encor en ai-je oublié la moitié.
Ton air épais aiſément le fait croire ,
Le compliment n'eſt point Artéſien ;
Dans ton pays on ne fait rien de bien ,
Hors s'enyvrer , tu connaîs cette gloire.
Sans compliment , à Lambert tu diras
Que ſamedi dans l'Egliſe d'Arras ,
Au chant du coq habillée à la Greque ,
Le front couvert d'un verdoyant areque ,
Je paraîtrai ſur le haut de l'Autel ,
Tenant en main ce brandon immortel.
Cours à Lambert , annoncer ce myſtere.
   Dans un nuage , où grondoit le tonnerre ,
Marie au Ciel à l'inſtant s'envola.
Jean effrayé ſoudain ſe réveilla ,

Et fur le champ va trouver fon Compere.
En le voyant , Nulfifrote enchanté ,
Saute à fon cou , dans fes bras s'entrelace ,
Vingt fois le ferre , & trente fois l'embraffe :
A ces tranfports la Terreur agité ,
Au fond du cœur fent expirer fa haine :
Viens ,. cher ami , de notre antique chaîne
Serrons les nœuds , & que l'humanité ....
Mais par fans-dié , laiffons-là la morale ....
Au Cabaret réparons le fcandale
Que nos débats ont caufé au prochain ,
Lavons nos cœurs , ranimons dans le vin ...
Mais à propos , connaîtrais-tu la Vierge ?
Eh bien ! l'ami , je l'ai vu cette nuit ;
Dans fa main blanche elle avait un gros cierge ,
A fon afpeét mon cœur fut interdit.
Dames , vois-tu ! j'avais fur la confcience
Bien du mauvais , & ces fortes de gens .
Voudraient toujours qu'on eût fon innocence ,
Qu'on ne bût point. Il faut tuer le temps ,
Il eft fi long ; ami , paffons-le à boire ,
Laiffons la Vierge , & cela vaudra mieux ,
Au Cabaret je conterai l'hiftoire ;
Sais-tu , Jerôme , où l'on vend du vin vieux ?
Chez la Fricau ; non , allons chez Claudine.
   Tous deux s'en vont au Cabaret voifin :
Hola ! quelqu'un , qu'on apporte chopine !
Buvons , ami , buvons jufqu'à demain :
A toi , mon Jean ; grand marci , mon Compere ,
Hé , mon garçon ! apporte un plus grand verre ;
Dis , nous prends-tu , bougre , pour , des moi-
      neaux ?
J'avalerions la cave & les tonneaux ,
Le Cabaret , le vin jufqu'à la lie.
   Le cœur joyeux , nos deux héros en train ,
Sans le mâcher vous avalaient le vin ,

Et de leurs pots , d'où naiſſait leur génie ,
Sortait par fois mainte groſſe ſaillie ,
Que dans Arras l'on prend pour des bons mots.
  Jean déjà ſaoul , faiſait mille propos :
Le Ciel plaiſante , il nous la baille belle !
Que veut Marie & ſa longue Chandelle ?
Quoi ! pour la fievre elle ordonne de l'eau ;
Pour nous , Compere , allons droit au tonneau ,
Chaſſons le mal à grands coups de bouteille ;
Car ſans le vin , le corps eſt en langueur :
Point d'eau , ſanbleu ! c'eſt le jus de la treille
Qui ſeul pourra le remettre en vigueur.
Oh ! la maiſon . . . . à crier je m'ennuie :
Vîte , du vin ici comme la pluie ;
Le temps qui court ſur le char des ſaiſons
Le mûrira , tandis que nous boirons . . . .
La joie au cœur ! Jean , conte-nous l'hiſtoire.
Te ſouviens-tu , quand le voiſin Grégoire
Eut ſon affaire , & que par amitié ,
Notre Paſteur perfora ſa moitié ?
Le pauvre époux avait bien la berlue ,
Oh ! le Curé ſavait bien s'aviſer . . . .
Dame Margaut eſt femelle entendue ;
Morbleu ! ſur elle on peut ſe repoſer :
Teint à ravir , croupe graſſe & dodue !
Depuis long-temps leurs cœurs étaient unis ,
Margaut ſouvent lui faiſait des careſſes ;
C'eſt le plaiſir qui choiſit nos maîtreſſes ,
Et c'eſt le cœur qui nous fait des amis.
Narguons , morbleu ! ceux que l'on fait à table ;
Les vrais amis ne ſont que dans la fable.
Buvons à nous , tope à notre amitié ;
A toi , Jerôme , allons à ta moitié ;
Le vin eſt bon puiſqu'il ſe laiſſe boire :
Mais à propos , quand demain la nuit noire
Prendra la fuite , en voyant Lucifer ,
                                    Dis-moi ,

Dis-moi, comment irons-nous chez Lambert ?
Trop je ne fais... Quel fingulier meffage !
La Vierge rêve .... & gens de notre étage
Sont-ils tournés pour faire un compliment ;
Mais que dira l'Evêque en nous voyant ?
Va , Monfeigneur eft homme comme un autre.
Ne crois point ça , tu te trompes , mon Jean ;
Son fier néant, n'approche point du nôtre ;
L'humilité , la vertu des enfans ,
Ne pare plus le front changeant des grands ;
Ta vanité , voilà leur caractere ,
Tiens, ces gens-là font ces gros pots de terre ?
Qu'on voit briler dans les appartemens ,
Dans les jardins & fur les cheminées ,
Ouvre ces pots , & regarde dedans ,
Qui verras-tu ? des toiles d'araignées.
L'orgueil s'eft fait un trône d'un tonneau ,
L'ambition peinte fur un chapeau ,
D'un nain rougi , vous fait une Éminence.
Le fentiment , plus fort que l'éloquence ;
Vous réglera , dit Jean , buvons un coup.
Bois donc , Compere , dis coquin , es-tu fou ,
On eft heureux ma foi quand on s'enivre ,
Ne ceffons point de goûter ce bonheur ;
Jus de Bacchus ! précieufe liqueur !
L'Artéfien , fans toi , pourrait-il vivre !
Viens foulager mon chagrin & mon cœur ,
Allons , l'ami , vive la tempérance !
Elle me plaît , ainfi qu'aux Templiers
Du temps jadis , plaifait la continence ,
Holà ! garçon , apporte dix feptiers.
Voûtes des Cieux couverte de nuages ,
Où le jour brille , où naiffent les orages ,
A mes accords , ouvrez-vous un moment ;
Ne voilez plus aux yeux du Firmament
Deux fcélérats enterrés dans l'ivreffe.

I

Toi, qui fur eux prodigua la tendreſſe !
Tes biens flateurs & tes dons infinis,
Reine des Cieux, du féjour de la gloire
Où l'Éternel t'a mis près de ſon fils ;
De tes Héros admire la victoire,
De tes bienfaits, vois germer les beaux fruits.
Sous, ivres, morts, couchés ſur la pouſſiere,
Reconnais-tu ces monſtres endormis ?
Hélas ! en vain, le pouvoir ſalutaire
De ta Chandelle, à leurs ſoins eſt remis.
Fille des Rois, lance ſur ces coupables,
D'un Dieu vengeur les carreaux redoutables !
Dans le cahos qu'ils ſoient anéantis ;
Mais, quoi ! ton ſceptre eſt la bonté ſuprême ;
L'aſtre du jour, ton brillant vêtement ;
Le doux Jeſus, ton riche diadême,
Et ton pouvoir, celui du Tout-Puiſſant.
Ton chaſte ſein, où nâquit la clémence,
S'ouvre pour eux ; je vois déja leurs cœurs,
Par des remords, expier leur offenſe,
Et t'attendrir par leurs ſenſibles pleurs.

   Sous les drapeaux de l'auguſte Marie,
Jérôme & Jean s'en vont trouvert Lambert.
Jeſus du haut de la ſainte Patrie
Sur leurs ſuccès a déja l'œil ouvert.

CHANT XIII.

Jean & Jerôme vont trouver l'Evêque
Lambert. Réception que leur fait
le Prélat.

ANciennement quand Rome était payenne,
Et qu'un Pontife, infpiré du Seigneur,
Aux vieux Romains, prêchait la foi chrétienne,
L'Églife alors avait de la candeur,
Point ne fongeait aux faux biens de la terre ;
Pierre en fabots au fond du Sanctuaire
Tout rondement béniffait fon prochain,
Sans vétiller fur la fotte rubrique. (1)
L'ambition, le fafte Évangelique
D'un fceptre fier ne chargeaient point fa main ;
Le vafte orgueil, fur fon crâne divin,
Point n'avait mis la Thiare fuperbe ;
Ainfi qu'un ver, Pierrot caché fous l'herbe,
Pas ne penfait que l'anneau du pécheur,
Des Souverains, fcelerait la grandeur ;
Qu'un jour Leon, par fa magnificence,

---

(1) Un homme qui manque gravement à la Rubrique commet un péché mortel, difent les Docteurs, & s'il meurt après avoir offenfé la Rubrique, il eft damné. Les Rubriques font certaines
lettres rouges qu'on voit dans les Bréviaires des
Prêtres, & d'autres bétifes imaginées pour facili-
ter la damnation des hommes : l'Eglife en dit trop
& fait trop pour qu'on la croie. Hélas ! n'avions
nous pas affez de nos paffions, fans nous damner encore pour des lettres rouges & des fottifes.

Eclipferait la majefté des Rois ;
Que Sixte-Quint , aux accens de fa voix ,
Ferait trembler l'Angleterre & la France.
Contens & fiers de leur fainte indigence ,
Pierre , long-temps tes enfans glorieux ,
De leur fageffe ont éblouis le monde ,
Ce temps n'eft plus , la vanité profonde ,
A dans leurs mains brifé la clef des Cieux :
Dans des chars d'or que le fafte environne ,
Où l'azur brille , où l'art hardi couronne
Du diadême , ornement de nos Rois ,
Ta mince barque & tes filets adroits ,
On voit dans l'air voler ton Eminence ,
Là , Monfeigneur , plus loin , Sa Révérence ,
Gens engraiffés des bien de nos ayeux ,
D'un air hautain , nous béniffent pour eux.
Car la fierté , l'infolence & la gloire ,
Sont aujourd'hui les talents des Prélats ,
Par eux Lambert fut connu dans Arras ;
Vous le verrez en lifant cette hiftoire.

    Sur un rivage aujourd'hui fréquenté ,
Vers Achicourt s'éleve une Cité ,
Ses murs épais font fans magnificence ,
Sans agrémens , pourtant en récompenfe
Dans leur enceinte on entend quelquefois
Parler fans goût le bel efprit bourgeois ,
En temps & lieu , comme on fait dans la Suiffe ,
Adroitement dire un Dieu vous béniffe ,
Lorfque quelqu'un éternue hautement.

    Près des foffés , dans un éloignement ,
Sur le côteau paraît la Citadelle ,
Fort inutile , & cependant fort belle.
Là , chaque hyver , pour choyer les tendrons ,
L'amour honnête amene les Dragons ,
Gentils Soudarts , polis , conftans , fidéles ,
Qui chaque jour offrent à trente belles

De tendres cœurs fermes comme le temps ;
Car les Dragons ont de beaux fentimens ;
Un faint Hymen , fait fous la cheminée ,
D'un nœud coulant unit la deftinée
De chaque fille à fon fidéle amant ;
Pour conftater la force du ferment ,
Sans la figure épaiffe d'un Notaire ,
L'Amour lui-même écrit fur la pouffiere
Les faints accords du chafte engagement.

   Près de ces lieux paraît un doux azile ,
Où dans la paix , loin du bruit de la Ville ,
Un faint vivait en mangeant comme un faint.
(Lambert était le nom du perfonnage ,)
Auftere Evêque , admiré dans fon âge ,
S'il n'eût été trop févere au prochain.
Il poffédait le génie ordinaire
De réciter leftement un bréviaire ,
Qu'un Capucin fouvent n'entend pas bien.
Hors ce talent , Lambert ne favait rien :
Leger d'efprit , faible de confcience ,
Il accufait le tentateur malin ,
D'avoir lui-même apporté dans la France ,
Le paffe-pied , le menuet , la danfe ,
Le Mirliton , la béquille & Pantin.
Il s'écriait dans l'ardeur de fon zele :
Ah ! que la guerre eft un rude fléau !
Qu'un plumet blanc , fur les bords d'un chapeau ,
Ombrage bien une jeune pucelle !
A cet objet , hélas ! la plus cruelle ,
Point ne pourra réfifter un moment ,
Et le plumage un jour affurément ,
La couvrira ; fillette eft trop fragile.
O mœurs ! ô fiecle ! Arras ! ô pauvre ville !
Un luftre avant que l'Ebere vomit
Ces fiers foudards que la danfe féduit ,
Sur tes forts l'Enemi tombait à verfe ;

                   E 3

Si les beaux jours au soir, à la traverse,
Pour se gaudir, on branlait le jupon,
C'était sans bruit, c'était sans violon :
Branle on dansait ; mais branle de couchette,
Un tour de lit, où souvent la fillete,
Faisant un saut, en avait pour neuf mois.
    Ainsi Lambett se lamentait par fois.
Muse, dis-nous, comment un noir fantôme,
Vint l'animer contre Jean & Jérôme,
Comment l'enfer vint souffler dans son cœur,
Des saint autels, l'homicide fureur.
    La sombre nuit, sous une toile obscure,
Déja par-tout ombrageait la nature,
L'astre brillant qui dore nos côteaux,
Depuis une heure, au sein profond des eaux,
Rafraichissait son ardeur amoureuse,
Le tendre lis, la chaste tubéreuse,
D'un vent plus frais humectaient leur blancheur.
Dans une alcove où régnait l'opulence,
Entre deux draps reposait Monseigneur.
La gravité, fille de l'indolence,
Sur ses genoux, dans un songe flateur,
D'un fade encens parfumait Sa Grandeur.
Dans ce moment, l'horrible Tysiphone,
Qu'un long serpent entortille & couronne,
Vient du Pontife arracher les rideaux,
Offre à ses yeux ses sinistres flambeaux :
Fier souverain d'un petit Diocese,
Dont le mérite est un bonnet fendu,
Peux-tu goûter le repos à ton aise,
Quand dans Arras ton pouvoir est perdu ?
Dis est-il temps de sommeiller encore,
Quand sous tes murs la jeune Terpsichore
A contre toi suscité ses enfans :
Deux violons, deux coquins insolens,
Dans les vapeurs d'une ivresse endormie,

Ont vu , dit-on , l'immortelle Marie ,
Abandonner à leurs profanes mains
Un faint brandon , le falut des humains.
Comment le Ciel protege-t-il la danfe ?
Un violon, dont la vertu s'offenfe ,
Peut-il toucher , par fes fons difcordans ,
Le goût divin du Maître des vivans ?
Deux malheureux que la haine & l'envie
Ont fi long-temps enchaînés dans mes fers ,
Sont deftinés à fauver leur patrie ,
Et de leur gloire étonner l'univers.
Prélat , on veut avilir ta puiffance ,
Braver tes loix , fouler tes Mandemens ;
Jadis par eux tu cenfuras la danfe ,
Laifferas-tu tes foudres impuiffans ?
Il faut fur eux que ton courroux s'épuife ;
Arme tes mains des canons de l'Eglife ,
Et fous tes pieds écrafe ces méchans.
Dieu de Jacob ! Dieu puiffant de Moïfe !
Dont Abiron reffentit la fureur ,
Terrible Dieu ! mémorable vengeur !
Ce n'eft plus toi déformais que j'implore.
Anges affreux ! pâles Dieux de Milton !
Embrafez-vous du feu qui me dévore ,
Pour me venger , fortez du Phlégéton.
Du vieux Lambert brûlez l'ame implacable ,
Jean & Jérôme ont bravé fa vertu.
Difant ces mots , le monftre redoutable
Au noir Ténare eft foudain defcendu.
    Du haut des airs le blond fils de Latone
Voyait déjà les Chantres du Seigneur
Le verre en main , du jus frais de la tonne ,
Se délaffer des fatigues du Chœur.
Quand nos Héros , encor fous de la veille ,
Les yeux mouillés du nectar de la treille ,
S'en vont heurter au palais de Lambert.

Un Suiſſe orné d'un grand baudrier verd ,
Ouvre auſſi-tôt , d'un ton de ſuffiſance,
Leur dit : Meſſieurs , ici que voulez-vous ?
De Monſeigneur un moment d'audience :
Là , pourriez-vous , par amitié pour nous ,
Sans l'acheter , nous rendre ce ſervice ?
Quoi ! ſans argent ? ſans argent point de Suiſſe ,
Mes bonnes gens , vous êtes dans l'erreur.
Ah ! mon ami, ſi le jus de la treille
A le pouvoir de changer votre cœur ,
Tenez, voici, de quoi boire bouteille ? . . .
Vous raiſonnez : vous verrez Monſeigneur,
Allez , montez. Nos gens chez Sa Grandeur ,
S'en vont frapper. Le Prélat ſe réveille :
O jour heureux ! ô précieux bonheur !
Le Tout-Puiſſant , exauce enfin Ninive ,
Il va ceſſer d'appéſantir ſon bras ;
La ſainte Vierge , à nos cris attentive ;
Deſcend demain pour ſecourir Arras.
Nos yeux mortels ont vu la nuit derniere ,
L'éclat brillant de ſa vive lumiere ,
Dans votre Egliſe, au lever du ſoleil ,
Vous la verrez dans un char de vermeil ,
Entre vos mains remettre ſon gros cierge.
Que dites-vous ? quel propos ? quoi , la Vierge
Vous a parlé ? voir dame. Oui , répond Jean.
Quoi ! tu ſoutiens … mais qu'es-tu , mon enfant ?
Muſicien , faiſant danſer les filles.
Comment , coquins , corrupteur des familles ,
Qui chaque jour , contre mes Mandements ,
Oſez encor de vos vils inſtrumens ,
Faire parler l'écorchante harmonie ;
Quoi ! de l'Artois , la pouſſiere & la lie ,
Deux ſcélérats , deux gueux , deux violons ,
Auront la nuit , vu la Vierge Marie ?
Hola ! mes gens … vîte dans nos priſons. …

Quel pot-pourri ! j'en aurai la migraine ;
Comment morbleu ! la canaille chrétienne,
Dans mon Palais, bravera mes bontés ...
   A ce difcours, Jérôme Nulfifrote,
Tremblant de peur, lâcha dans fa culotte,
Ce que l'on fait dans les commodités.
Jean, embaumé de la liqueur traîtreffe,
Pour fon ami, rappellant fa tendreffe,
Veut du Prélat, appaifer la fureur :
Pontife faint, Evêque magnanime,
De mon ami, n'accufez point le cœur,
Son accident, Seigneur, n'eft point un crime,
L'ignorez-vous ... Quoi... ce font nos enfans,
Nourris, formés, travaillés dans nos flancs ;
Ayons pour eux, les entrailles d'un pere,
Un fils a-t-il plus de droit fur fa mere ?
Comme elle ! hélas, nous leur donnons le jour,
Ne font-ils pas dignes de notre amour ?
Quand accroupi dans un coin folitaire,
Le cul au vent, un papier à la main,
Les yeux baiffés, le menton fur le fein,
Serrant le ventre, & pouffant du derriere,
Nous donnons l'être à cet infortuné,
Se relevant, l'homme le plus auftere,
D'un air benin, lorgne le nouveau né ;
Ces doux regards font les adieux d'un **Pere.**
Qui voit fon fils pour la derniere fois. (2)

---

(2) Les Romains qui étaient nos Maîtres, &
qui font encore nos Légiflateurs, refpectaient les
étrons. Le culte de la Déeffe Cloacine eft une
preuve victorieufe de leur bon goût. Le jour de
fa Fête les latrines étaient décorées de verdure &
de fleurs ; peut-être, dit un Auteur, que les étrons
qui bordaient les avenues, avaient ce jour-là le

Ce beau fermon où l'Auteur à la fois
Vantait l'amour, excufait fon confrere,
Ne fut goûté. Monfeigneur en colere,
Grinçant des dents, tempêtant & jurant,
A coups de pieds, de fon appartement,
Chaffa Jerôme & Monfieur fon Compere.

---

bouquet fur l'oreille. L'expérience nous prouve
que nous aimons prodigieufement la merde ; la
preuve en eft fenfible dans les enfans, qui plus
voifins de la nature & de la vérité, regardent plus
long-temps leurs ordures que les perfonnes expérimentées. Voyez fur ce fujet les favans Memoires
de l'Academie de Troies. Ce Corps refpectable a
épuifé, & lêché parfaitement cette matiere. Nos
précieufes de Paris ne goûteront point cette
Note ; une délicateffe ftupide ne leur permet point
de nommer, ni d'entendre nommer, des objets
auffi familiers, parce qu'ils ne font point encore
à la Grecque. Au refte, j'ai fuivi mon Hiftorien,
& j'ai tâché de peindre agréablement ce morceau
dégoûtant.

CHANT XIV.

Saint Vaast à cheval sur Jean-Jacques, va trouver l'Evêque Lambert : Marie descend du Ciel avec la Chandelle d'Arras.

LE goût des Saints fut toujours merveilleux ;
Dans leur hiftoire on voit ces Bienheureux
En amitié prendre chacun leur bête ;
Témoin Antoine , il aimait fon cochon :
Aux champs du Nil , dans un faint tête-à-tête,
Ils fe parlaient en faifant oraifon.
Du grand faint Luc le goût évangélique
Etait un bœuf, Inigo le dindon ;
Monfieur faint Roch , fi l'on croit fon cantique
A Montpellier , jadis en bon chrétien,
Alla mourir dans les bras de fon chien.
Le vieux Denis faifait cas de fon âne,
Le careffait , le baifait comme Jeanne.
Sainte Gertrude aimait beaucoup les rats. (1)
L'Apôtre faint qui jadis dans Arras
Alla planter l'étendart Catholique ,
Aimait les Ours ; (2) il fit bâtir pour eux ,
Près de la Scarpe , un Couvent fomptueux :
Ii leur donna le harnois monaftique ,

_____

(1) Sainte Gertrude , Patrone des Chanoineffes de Nivelle , efpece de Vierges folles , qui éteignent l'huile de leurs lampes , pour jouir d'un affez gros revenu. Leur Patrone eft celle des Rats ; on peint cette Sainte avec ces animaux qui montent & defcendent fur fa croffe.
(2) On nourriffait anciennement dans l'Abbaye

Et l'air léché d'un gros Benedictin.
 Mere de Rome ! ô toi savant Attique !
Le paganisme autrefois dans ton sein
Peignit une Aigle à côté de Jupin ;
Sur les genoux de la mere d'Helene
Un Cygne blanc caressant ses attraits ;
Aux pieds du Dieu qu'invoque l'Hypocrene,
L'ardent Python percé de mille traits.
Reine des cœurs ! la Colombe amoureuse,
Avec l'Amour, accompagnent tes pas,
Cent fois le jour elle vole en tes bras,
Et chaque fois tu la rends plus heureuse.
Si pour mes vers, le Mouphti des Latins
Me niche un jour parmi ses Dieux Romains,
Ou si sans lui je faisais la conquête
De ce sejour où sont les Chérubins,
Point ne voudrais caresser une bête ;
Zéphire seule y ferait mon bonheur,
Zéphire seule aurait toujours mon cœur..
 Du fier Lambert le courroux indocile
Avait touché les cœurs des Bienheureux ;
Vaast allarmé des malheurs de sa Ville,
Pour la sauver abandonne les Cieux,
Plane dans l'air, vole vers la Norwerge,
Où l'Aquilon, sur un trône de neige,
D'épais glaçons couronne les Hivers,
Et dans leur bras engourdit l'univers,
 Déja le Saint a passé la Scithie,
En le voyant, l'attentive Orythie,

---

de Saint Vaast, des Ours, en mémoire de l'amitié
que ce saint Fondateur avait pour ces animaux.
Les Moines moins léchés que les Ours, sont res-
tés en possession des richesses immenses de cette
Abbaye.

       Tient

Tient dans fes fers Borée & fes enfans ;
Le Bienheureux dans l'Ifle des Ours blancs (3)
D'un air preffé cherche après fa monture.
Un Genevois , laffé de fon allure ,
Parmi les Ours fes compagnons chéris ,
A quatre pieds marchait ainfi qu'un âne :
Inftruit , léché , par fes nouveaux amis ,
On admirait, dans fa marche profane ,
L'air élégant des Ours les plus polis.
   Le grand S. Vaaft , à cheval fur Jean-Jacques ,
A traverfé l'horifon des Cofaques ,
Déja Berlin frappe fes yeux furpris ;
Un Roi couvert de la brutale gloire
Dont Alexandre a fait pâlir l'hiftoire ,
De fon Palais appelle les beaux Arts.
Enfans du Ciel que la paix environne ,
Ne courez point fur fes fombres ramparts
Mêlez vos fleurs aux palmes de Bellonne ,
Laiffez la Mort couronner le Dieu Mars :
Et toi , grand Roi, que le bon goût infpire ,
Ne touche plus aux fleurs de l'Hélicon ,
Ta voix terrible épouvante Apollon ,
Tes doigts fanglans difcorderaient fa lyre,
Et fes lauriers fécheraient fur ton front.
Féconde l'art de détruire la terre ,
Place ton trône à côté du tonnerre ,
Solon pourra t'éclairer fur les loix ;
Mais Appollon n'infpire point les Rois. (4)
   Nos voyageurs, qu'Éole favorife ,
Ont traverfé les plaines du Valais ,

_____

(3) Les Ours blancs font avantagés d'une intelligence égale à celle de l'homme.
(4) Je ne goûte plus les Poéfies de ce Monarque
depuis qu'il a égorgé fi cruellement l'humanité.

K

Jacques revoit cette belle Héloïfe,
Dont fa vertu défigura les traits.
Du feu honteux dont fon ame eft éprife,
Il ofe au faint étaler la fureur ;
Tais-toi , Jean-Jacques , & laiffe ta fageffe ;
Que me dis-tu ? le crime eft dans ton cœur.
Un ftyle ardent nuance ta faibleffe ;
Mais fous les fleurs j'apperçois le ferpent ;
Ta vertu lâche eft cette fauffe Itaque,
Qui fous Mentor égarait Télémaque,
Et ta Logique un fophifte éloquent.
Pour la vertu ton ame eft fans étoffe,
Julie a fait dans tes bras un enfant,
Tel en couvrant une fage jument,
Epris d'amour , un cheval philofophe
Fait un poulain très-vertueufement.
Dans un palais où l'orgueil canonique
Couronne en paix , des fueurs de Jefus,
Du vieux Lambert le fafte évangélique,
Jacques & le Saint font déja defcendus.
Au fier Prélat , faint Vaaft tint ce langage :
Vois-tu , Lambert , cette bête fauvage,
C'eft un enfant du docteur Robinfon ;
A fes leçons , l'imbécille Beaumont,
N'a pu répondre & fa grandeur enrage.
Pour toi, mon fils , fois plus jufte & plus fage,
Ne brave pas ce fauvage éloquent ;
Ainfi qu'Antée il eft fils de la terre,
En combattant fur le fein de fa mere,
Craint-il Chriftophe , ou fon fier mandement ?
Pour l'étouffer il faut les bras d'Hercule,
Et Monfeigneur eft un nain ridicule.
    O cher Lambert ! fois pacifique & doux,
N'écoute plus les confeils du courroux,
Orne de fleurs ta croffe Apoftolique,
Tiens en tes mains l'étendart politique,

Laiffe danfer le plat Artéfien ;
Né fans efprit, ce peuple aime la danfe ;
Si mainte fille y perd fon innocencé,
C'eft une fleur, cette perte n'eft rien.
Cours aux Autels offrir ton facrifice ;
Au chant du coq, notre Libératrice,
Va dans Arras ramener le bonheur ;
Une Chandelle, en fa main bienfaifante,
Ecartera de fa flamme puiffante
La pâle mort, la fievre & la douleur.
  Toi que Phœbus & Lucine ont fait naître
Pour embellir leur abfence & les Cieux ;
Toi que le maure avant nous voit paraître,
Et que la Perfe adore avec fes Dieux,
Accours, Aurore, & répands ta lumiere,
Pourfuis la nuit dans fa fombre carriere,
Viens nous montrer un fpectacle étonnant.
Vingt Tonfurés de leur moëlleufe couche
Ont délaiffé le repos féduifant,
En te quittant, fur ta brûlante bouche,
Le Chantre, Jeanne, a fcellé fon amour.
Un grand Vicaire au chœur avant le jour ?
Y penfe-tu ? difait la jeune Elife ;
Quoi de mes bras, pour courir à l'Eglife,
L'ingrat s'échappe à ma bouillante ardeur
Réponds au moins, donne-moi la pitance,
Et puis après, va, fi tu veux, au cœur...
Comment, vingt ans de foins & de conftance,
Trente rivaux immolés à ton cœur,
N'arreteront la fureur défolante
D'aller chanter les hymnes du Seigneur.
Ainfi criait une vieille fervante,
Dont le Doyen, lunettes fur le nez,
Chommait encor les appas furannés.
Quoi, fi matin ! veux-tu gagner un rhume ;
Difait Sufon, dans les bras du Prévôt,

D'aller au cœur reprens-tu la coutume ;
Un préhenbé doit-il être dévot ?
Au Sacriſtain laiſſe cette rubrique :
Comment Lambert, ce Prêtre fanatique,
Fait-il ſonner l'office avant le jour ;
Que ne va-t-il réſider à la Cour ?
Eſt-ce ſa fête ici qu'on ſolemniſe ?
Quoi ; ton Prélat ferait-il ſon métier ?
Connaîtrait-il les dedans d'une Égliſe ?
C'eſt le devoir d'un ſot Pénitencier.

　　Malgré les cris de trente Gouvernantes,
Du vieux plain-chant les notes diſcordantes,
Tremblaient déja ſur les vitres du chœur,
Depuis minuit auprès de Monſeigneur,
A deux genoux ; Jérôme & ſon confrere,
Les yeux au Ciel, le cœur en oraiſon,
Hâtaient les chants du fier Alectryon.

　　Dans l'air ému l'on entend le tonnerre,
Le vent augmente, on ſent trembler la terre,
L'orgue ébranlé bourbonne en frémiſſant ;
Faucet, baſſon, haute-contre, ſerpent,
N'ont plus d'accords ; la baſſe ſans cadence
Tremblante aux coups d'un archet incertain,
Ne ſoutient plus les Chantres du lutrin.
Maître Grégoire, homme d'expérience,
Dont le long nez naſille au faux-bourdon,
Trois fois au chœur veut rendre l'uniſſon ;
Mais c'eſt en vain, l'affreux tonnerre augmente,
L'Égliſe s'ouvre ; on apperçoit ſoudain
Des Cieux parés la voûte étincellante.
Sur les genoux d'un brûlant Chérubin,
Du Tout-Puiſſant deſcend l'auguſte Mere,
Une Chandelle éclate dans ſa main ;
Du Saint Eſprit l'abondante lumiere
Du haut des Cieux rayonne ſur ſon ſein.

　　Chàntres gagés ! ceſſez votre harmonie ;

Ce gros plain-chant étourdit le Seigneur ,
Prosternez-vous à l'aspect de marie :
De son triomphe adorez la grandeur.
   Lévites saints , dont mon fils est le pere ,
Venez jouir des fruits de ma bonté ,
Du Dieu vivant je suis l'auguste Mere ,
Et mon sourire ouvre l'éternité.
Jusques aux Cieux vos cris se font entendre ,
Pour vous sauver l'amour me fait descendre.
Ne craignez plus la fureur du trépas ,
Contre ses traits j'apporte une Chandelle
Qui toujours brûle & ne s'éteindra pas.
O toi ! mon fils ! mon serviteur fidéle !
Avance , Jean , & reçois ce flambeau ,
Fais-en tomber quelques gouttes dans l'eau ;
Ceux qui boiront cette onde salutaire
Des feux ardens guériront aussi-tôt ;
Mais l'esprit fort , le pécheur téméraire ,
Qui douteront de son effet puissant ,
Seront punis de mort au même instant.
   Disant ces mots , sur les genoux de l'Ange ,
Au bruit confus des concerts de louange ,
Marie au Ciel remonte gravement.
Toi , que le temps démolit en silence ,
Religion faite pour les enfans ,
Qui veut briller à notre intelligence
En éteignant le flambeau de nos sens ;
Du sanctuaire où ta voix nous appelle
Viens nous montrer cette sainte Chandelle
Qu'allume encor la superstition.
L'Artésien avec dévotion ,
De tous côtés vient signaler son zele ,
De Saint-Omer , Mathurin du Haut-Pont , (5)

_____

(5.) Mathurin du Haut-Pont , figure qui

K 3

Depuis long-temps à ton culte fidéle,
A tes genoux accourt avec les siens ;
Du viel Hédin les fiers Paroissiens
Viennent t'offrir leur figure importune ;
Bapaume ; Lens , Lilliers , Aire , Bethune
Viennent te rendre un immortel honneur.
Courant fêter la Chandelle divine ,
A son amant , plus d'une pélérine ,
Laisse cueillir son innocente fleur ;
Avec Colin , Lise gaiement couronne ,
Son lourd mari des lauriers d'Actéon ;
Près de Lubin , la volage Fanchon ,
Goûte en allant les douceurs de la tonne ;
Pan dans les bois veut instruire Érigone ,
La Nymphe rit & fuit à sa leçon.
Le vieux Silene accompagne la troupe ,
Bacchus du Ciel leur apporte sa coupe ,
On boit , on chante , & les jeunes Sylvains ,
Avec grelots , sifflets & tambourins ,
Au tour d'Eglé faisaient mainte gambande ,
Un Faune épais dans sa main tient la Croix ,
Et dans Arras la sainte mascarade
Entre à l'instant au bruit de mille voix.

   Abbé charmant , aimable Saint Sulpice ,
Que faisiez-vous dans ces momens douteux ?
Près de Sophie , à côté de Clarice ,
De mille fleurs vous orniez leurs cheveux.
Ah ! parfumez le sein de ces bergeres ,
Un jeune enfant de ses aîles légeres
Vous a prêté le volage secours
Ainsi que lui , trompez toutes les belles ,

---

sonne l'heure à S. Omer, aussi révérée dans les
Pays-Bas , que les glorieux S. Bertin & Mar-
tin de Cambrai.

Et promenez vos ardeurs infidelles ;
Est-on constant dans l'âge des amours ;
Ne suivez point cette vieille sagesse ,
Qui veut encor respecter un fichu ,
Abandonnez la timide tendresse
Qu'inspire aux sots une austere vertu :
Vous n'allez pas à la sainte Chandelle
Chercher le feu qui brûle votre cœur ,
Le feu du Ciel est constant , plein d'ardeurs ,
Abbé , le votre est toujours infidele.

CHANT XV.

*Sanfpain enleve la Chandelle d'Arras. On la
retrouve dans son grenier. Proceſſion de
la sainte Chandelle.*

Vers un sentier qui mene à l'hôpital,
Paraît un mont ; au pied une fontaine ;
Sur le sommet , un vigoureux cheval ;
L'onde qui coule eſt l'eau de l'Hipocrene
Et le cheval, l'Appollon de Fréron.
Un laurier verd que la foudre environne,
Croît au milieu de cet aride mont,
Le Dieu des Vers , de ses branches couronne
Les chants d'Horace & ceux de Fénelon.
La main du Temps , ſur ſon auguſte tronc ,
Y ſuſpendit la trompette d'Homere ,
Entrelacé des fleurs d'Anacréon
Elle y poſa le Clairon de Voltaire ,
Et le cornet à bouquin de Milton.
  Orné des fleurs dont vous parez Glicere
Je vois , Bernis , briller votre chapeau ;
Et pour vous ſeul ſur ce double côteau
J'entends chanter les moineaux de cythere.
Virgile aux pieds d'Euterpe & des Saiſons ,
Le front couvert de vos roſes lyriques.
Préſente aux Dieux ces belles Géorgiques.
Que votre Müſe unit à nos chanſons.
  O mont ſacré ! ton heureuſe fontaine
Mêlait ſes eaux à l'or du vieux Plùtus,
La main des Dieux & celle de Mécene
Donnaient des prix aux travaux de Phœbus ;
Et juſqu'aux champs qu'arroſe la Durance ,
Le chalumeau des groſſiers Troubadours.

Etait orné des fleurs de l'abondance.
Ce temps n'eſt plus, les vents de l'indigence
Ont déſolé les Chantres de nos jours.
La faim habite avec eux le Parnaſſe,
Et les talens de Catule & d'Horace
Sont mis aux fers ſous des Dieux rigoureux (1)
O Rois vainqueurs ! ô bourreaux de la terre !
Pour égorger les mortels malheureux,
Vos mains de ſang, dans les champs de la guerre,
Aux meurtriers préſentent des honneurs ;
Sur les endroits où tombe le tonnerre,
Le Ciel jamais fait-il naître des fleurs ?
Par des bienfaits méritez nos hommages,
Nos chants divins peindront aux yeux des âges
La paix, l'amour, & les dons généreux
Dont l'Eternel embellit ſes images.
    En quinze cent, ſur ce mont périlleux.
Vivait, dît-on, un Poëte fameux ;
Sanipain était le nom du malheureux.
L'affreuſe faim dans ſes mains déſolantes,
Avait détruit ſon robuſte embonpoint.
Saturne avait de ſes aîles péſantes
Frotté trente ans ſon aride pourpoint.
Le dernier ſiécle avait fait ſa culotte ;
Son caudebec était une anecdote
Des jours naiſſans du bon vieux Roi Guillot.
Trente-deux trous ſur ce feurre gothique
Très-bien comptés, formaient l'époque anti-
    que,

---

(1) Loin de récompenſer les talens en France, ſous le pretexte d'une Religion dont on ſe
moque, on jette les Poëtes dans les Galba-
nons de Bicêtre, avec les ſcélerats qui ont mérité le dernier ſupplice.

D'autant de Rois fameux dans l'Yvetot. (2)
Pour son bonheur ; ce célèbre Lyrique,
Très-peu croyait à la Foi Catholique,
Et doutait fort du bon enfant Jésus ;
Sa sainte Mere, à sa Muse critique,
Servait souvent à faire maint rébus :
Le Dieu des vers fut toujours incrédule ;
Perse, Térence & Plaute, sans scrupule,
Ont persifflé les Dieux du temps passé :
Si Dieu mourut, comme Rome l'assure,
Si sous Tibere il souffrit la torture,
Faut-il en rire ? ô rimeur insensé !
Laissez en paix un pauvre trépassé.

Un jour Sanspain, il était près d'une heure,
Encore à jeûn, sortit de sa demeure,
Et dans le temple où la Chandelle était,
Cherchant la rime, entra d'un air distrait.
Là, fixement il lorgne avec surprise
Quelques momens le sacré lampion.
Tel vers Horeb, à l'aspect d'un buisson
Toujours ardent, le farouche Moïse
Fut près d'une heure en admiration.

Sanspain, ayant bien parcouru l'Eglise,
Et se trouvant isolé dans ce lieu,
Tel que Fantin sur les pieds du bon Dieu,
Il s'empara de la sainte Chandelle :
Parbleu, dit-il, la trouvaille est fort belle,
Point n'ai d'argent, encor moins de crédit,
Ce lampion, pour composer la nuit,

---

(2) Yvetot, Bourg de France au Pays de Caux en Normandie, à deux lieues de Caudebec. Il a porté long-temps le titre de Royaume ; ce qui a occasionné beaucoup d'écritures & de disputes entre les Savans en US.

Me fervira ; fous fa fainte lumiere ,
Mes vers plus doux, plus coûlans & moins froids
Eclateront comme le feu Grégeois.
Dans un réduit voifin d'une gouttiere ,
Où fe tenait le Synode des chats ,
Il emporta la Chandelle d'Arras.

   Le vol bientôt fe répand dans la Ville ,
Le Magiftrat , le Bourgeois imbécille ,
Sur ce fujet bavarde fans efprit.
Arras , privé du facré phénomene ,
Eft agité : Monfeigneur eft contrit ,
Tout eft en pleurs ; l'enlévement d'Hélene
Anciennement ne fit pas tant de bruit.
On cherche, on furte , on accufe , on raifonne ;
Pour le trouver chaque Prêtre fe donne
Du mouvement ; on découvre à la fin
Le luminaire au grenier de Sanfpain ;
On le reprend , & pour venger l'injure
Faite , dit-on , au Dieu de la Nature ;
L'Auteur faifi par dix Hallebardiers ,
N'habite plus qu'une prifon obfcure ;
Car dans ce temps l'on brûlait les Sorciers ,
Et maintenant les gens qui favent lire. (3)

------

(3) Peu s'en eft fallu que M. l'Archevêque
de Paris , le Daim & conforts n'aient fait brûler Jean-Jacques Rouffeau , pour avoir fait imprimer en Hollande , avec la permiffion des
Etats-Généraux , un très-bon Livre. Quel droit
avait le Parlement , & *le côté du Greffe* , pour
punir , flétrir un étranger, un Proteftant ? Le
Parlement ne pouvait avoir que la raifon du
piftolet du même Jean-Jacques. C'eft manquer
à la Nature & à Dieu même que de punir un
homme pour fes fentimens. C'eft une bêtife dont

O Roi David ! dont la divine lyre
Chanta Sion , la Vérole & les Cieux ;
De ces accords qui charmaient les Hébreux :
Et que Jérôme a mis en mauvais ſtyle. (4)
Viens ſeconder les tranſports d'une Ville ;
Pour retrouver le ſacré Lampion ,
Arras va faire une Proceſſion.

   Sous l'étendart de la Vierge Marie ,
Du Carnaval la troupe eſt réunie.
Au haut d'un bois fiché par trois grands cloux ,
Pliant la tête & courbant les genoux ,
Premiérement venait l'Etre ſuprême :
Un Capucin , aux yeux creux , au teint blême ,
Modeſtement portait le ſacré bois :
Une Catin , à côté de la Croix ,
De Magdelaine offrait la tendre image ;
Tettons flamans rempliſſaient ſon corſage ,
Sa belle gorge & ſon regard frippon
Faiſaient honneur à la Proceſſion.

   Le bon Larron & ſon vilain confrere ,
L'un figuré par un Tailleur auſtere ,
Et le méchant par un dur Procureur ,
Venaient enſuite en louant le Seigneur.
Pompeuſement arrangé ſur deux lignes ,
Venait le corps des Capucins indignes ;
Barbe de chevre entoure leur menton ,
Leur crâne ignoble eſt ſous un capuchon ,
Ce long tuyau leur tombe ſur l'échine ;

---

notre ſiécle des lumieres n'eſt pas encore
corrigé.

   (4) Saint Jérôme a traduit fort mal l'Ecriture Sainte : il n'avait point aſſez de talent & de connaiſſance , dit Staliger pour entreprendre cette beſogne avec ſuccès.

                            A

A leur côté pend un lâche cordon.
Fils de François , vénérable vermine!
De vos beautés vous charmez les paſſans ;
L'éclat du jour , le feu des diamans ,
La pourpre , l'or , la douceur de l'hermine ,
N'égalent point vos pompeux vêtemens. (5)
   Du viel Elie arrivaient les enfans ;
Leur froc épais de leur chaude cuiſine
Sentaient encor la fumée & l'odeur ;
En vieux plain-chant ils célébraient en cœur
Du Mont-Carmel les beautés éternelles.
Vingt Cordeliers , les yeux ſur les pucelles,
Pour s'exciter à la componction ,
Deſſous leur froc , avec dévotion ,
De temps en temps ſoulevaient leurs chandelles.
Trente porc gras , vêtus en Jacobins
Faiſaient jouer le grelot du Roſaire.
Fiers d'être ſots , trente Génovefains
Se pavanaient en liſant leur Bréviaire ;
A leur côté brillaient les Théatins ,
Les Recolets , les Peres Auguſtins ;
De Saint Bruno les Moines ſolitaires
Venaient enſuite ; ils portaient les myſteres,
Les inſtrumens dont à la Paſſion
S'étaient ſervi les Romains téméraires ,
Pour tourmenter le Maître de Sion.
   D'un gros Abbé la douce Chambriere
Portait le coq qui chanta pour Saint Pierre ,

---

(5) A croire les Capucins , il n'y a rien dans le
Ciel & ſur la Terre de comparable à la beauté de
leur habit. Ces moines , les plus ignorans & les
plus orgueilleux de l'Egliſe , ſe diſent tous de
condition , ou la plupart d'entre eux ont été Ca-
pitaines de Cavalerie ou de Dragons.

Quand , chez Caïphe , assis au coin du feu,
Il renia correctement son Dieu.
La prébenbée était une matoise
Dévote au Ciel & robuste en amour ;
Pour son plaisir elle aurait dans un jour.
Fort bien porté les coqs de sa Paroisse.
Hector, valet d'un Chanoine joueur ,
Tenait les dés , avec quoi du Seigneur,
Vadeboncœur , Sansquartier , la Tulippe
Avaient joué certaine vieille nippe.
Le bon Jésus , pour un grand Souverain,
Etait fort pauvre , & comme auteur fort maigre,
Il ne portait qu'un habit d'écrivain.
  Dans un flacon , un gros Bénédictin
Tenait le fiel ; un Chartreux le vinaigre ;
Le fier Chaumeix représentait Judas ;
Maître Fréron , le voleur Barrabas ;
Et puis venaient Saint Dénis , Sainte Jeanne ,
Qui par Chandos , fut troussée autrefois,
Et dont l'honneur, amoureux & profane ,
Fut conservé , nous dit-on , douze mois
Pour le livrer le treizième à son âne.
Très-bien monté sur un cheval de bois ,
Venait Saint George , après lui Saint François ,
Le sacré cœur , Sœur Marie Alacoque ,
Saint Augustin , lisant le Soliloque ,
Saint Inigo ; le plus bête d'entr'eux ,
Quoique chassé du Ciel & de la France ,
Voulait encor prouver son innocence ,
En rajustant son cas dur & honteux.
  Le Crâne orné d'un soufflet, nommé mitre,
Venait Lambert , suivi de son Chapitre ;
A ses côtés , avec dévotion,
Jérôme & Jean jouaient du violon.
Le Magistrat escortait la Comtesse ,
Qui de l'Artois était alors maîtresse ;

C'était Mehaut, dont la douce équité
Paifiblement gouvernait le Cité ;
Son Sceptre heureux eft le fceptre d'Aftrée,
Et fes vertus celles du temps de Rhée :
Sur fes genoux le bonheur eft affis,
Des fes bienfaits il orne fon pays.
Pour feconder l'Artéfien fidele,
Mehaut portait la divine Chandelle,
L'éclat des Cieux n'égale pas fon teint,
En la voyant, on connaît la tendreffe,
Le fage même ; aux charmes de fon fein,
Sent qu'il eft homme, & chérit fa faibleffe.
   Louant le Ciel, & béniffant l'amour,
Le carnaval au Temple eft de retour ;
Des belles mains de la jeune Princeffe,
Lambert reprend l'Augufte Lampion,
Et donne avec, la Bénédiction.

CHANT XVI.

Fin tragique d'Aline & de Sanfpain.

POUR varier le récit & les charmes
D'un long Poëme, il y faut des malheurs :
Sur les Héros, on dit que les beaux cœurs
Ont du plaifir à répandre des larmes.
A mes accens, Lecteurs, mêlez vos pleurs,
Sur la douleur je vais monter ma lyre.
    Aux champs du Tibre, où l'Aigle des Céfars,
Les Dieux du goût, des vers & des beaux Arts,
De Rome ancienne éternifaient l'Empire,
S'éleve un Temple habité par l'orgueil.
Un vieux Mouphti, qui ne voit que d'un œil
Les biens du Ciel, de deux ceux de la terre,
Dans la nacelle où jadis Simon pierre
Mangeait fon pain trempé de fes fueurs,
Sa main plaça le fafte & les grandeurs.
Comme aux Tarquins, l'orgueil lui fit un trône ;
L'ambition d'une triple couronne
Vint elle-même orner fes cheveux gris :
Mars en fes mains remit un cimetere ;
Le vieux Caron, les clefs du Paradis ;
Le Dieu Momus lui donna pour tonnerre,
Des vieux canons & des papiers moifis.
    De tous nos biens ce Roi mange la dîme,
Pour s'enrichir il taxe chaque crime,
Pour un écu Sodôme a fon pardon ;
Au temps paffé Dieu n'était point fi bon.
Le Pape aufli, ma foi, n'était pas tendre ?
Lifez l'hiftoire, il fut fatal aux Grands,
Sous de fots Rois il ofait entreprendre
De les braver, le Pape a des talens.

Pour étouffer les palmes du génie ,
Il eut jadis la barbare industrie
D'imaginer un Tribunal affreux ,
Où dans les fers , l'innocence & le vice
Sont confondus par des arrêts honteux.
L'art criminel d'égarer la justice ,
Est le savoir de l'Inquisition ;
L'ame des sots , la superstition ?
Les yeux bandés , y conduit au supplice
Le tendre Amour , Galilée & les vers.

   L'Artois alors avait son saint Office ,
Pour les savans des échafaux divers.
Un Jacobin , enfant du saint Rosaire ,
Prêtre ignorant , dévot & sanguinaire ,
Par le Mouphti de ce Sénat nouveau
Etait nommé le juge & le bourreau.

   Sanspain bientôt parut en sa présence :
Frere , dit-il , quel métier faites-vous ?
De l'écriture avez-vous connaissance ?
A Saint Thomas croyez-vous comme nous ?
Des sept Docteurs ce bœuf est l'angélique ,
Vers l'Italie en style académique
Un Crucifix lui fit des complimens ,
Dans ce temps-là les Crucifix aux gens
Parlaient , dit-on , comme avec leurs sembla-
       bles . . .
Mais vous riez . . . ce ne sont point des fables .
Mais par hazard auriez-vous des talens ?
J'ai , Monseigneur , de l'esprit comme un rêve ,
De la raison comme on n'en trouve point ,
Et de lecture un énorme embonpoint ,
Me rend habile ; au printemps quand la feve
Pousse sa fleur , je pétille d'esprit ,
Je fais des vers & des bouquets aux filles ;
Dans mes chansons je mets force chevilles ,
Maints hiatus , je mets tout à profit

Oh! mon cher frere, abandonnez Horace,
Laiffez Nafon , attentif à la grace
Suivez l'Eglife , adorez fes avis ,
Allez *pian* & marchez fur la trace
Du bon Jefus qui rendit efficace
L'écrit divin du Moine d'Akempis.
Ah! Monfeigneur , répondit le Poëte ,
Sur ce fujet ayez l'ame bien nette ,
Du bon Jefus j'ai fuivi le fentier.
Le fils de Dieu nâquit fur le fumier ,
Moi , Monfeigneur , je nâquit fur la paille.
A fa naiffance on fit mainte rimaille ,
On entendit les bergers du hameau
Sur le haut bois chanter l'enfant nouveau ;
Auffi chez nous mon gros parrein Grégoire
Fit fans efprit un beau cantique à boire.
Le bon Jefus ne voyait que des gueux ,
Des Publicains , des Scribes , des Lépreux ,
Matthieu , Judas , & la femme adultere ,
Et Marthe encor qui tenait un bouchon ,
Sa jeune fœur , la belle Madelon ,
Fille à croquer , d'un pliant caractere ,
Qui chaque jour épiçait dans Sion
Lévi , Judas , Nephtali , Zabulon ,
Et qui donna fes faveurs à fon frere ;
Il en mourut , non en dernier reffort ;
Pour le guérir , à l'ombre du myftere ,
On fit courir le bruit qu'il était mort.
Or de Jefus bien j'imitai la vie ,
J'ai vu long-temps mauvaife compagnie ,
Maître Fréron , des Grecs , des Procureurs ,
Des Hollandais , des moines , des Rimeurs.
Le bon Jefus fut trahi par un traître ,
Par mes amis je fus trahi vingt fois ;
Notre Seigneur fut jugé par un Prêtre ,
De cet état , Monfeigneur eft , je crois ;

En tout voyez j'ai copié mon Maître ;
Il fut pendu , je le ferai peut-être ;
Il defcendit au féjour des Démons ,
Pas trop n'y crois , non plus qu'à vos fermons ,
Mais tant y a , fi pour punir nos crimes
Notre bon Dieu a creufé ces abymes ,
Ainfi que lui , certes j'y defcendrai ;
Il en fortit , pour moi j'y refterai ,
Car il faut bien fe fixer dans la vie ,
De trop de maux l'inconftance eft fuivie.

    A ce difcours , le grand Inquifiteur
Frappa du pied , s'écria ! quel blafphême ?
Jamais le Ciel ouït-il telle horreur !
Sanfpain , Meffieurs , fe condamne lui-même ;
Un vil mortel copier le Seigneur !
Gardes , menez ce coquin au fupplice ,
Qu'il fatisfaffe au vœu de la juftice !
Et que fon corps , confumé par le feu ,
Soit un encens flatteur au nez de Dieu.

    L'ordre donné , les gens du faint Office
Vers le bûcher conduifent notre Auteur.
Deux Capucins , objets dignes d'horreur ,
L'accompagnaient , & fans intelligence
De l'Eternel lui vantaient la clémence ,
L honneur des Saints , & dans leurs pots-pourris
Grand bien difaient du benaît Paradis :
Vous fouperez ce foir avec les Anges ,
De vos deux yeux vous verrez le Seigneur ,
Vous chanterez fes fublimes louanges :
Tel que Zadig , dans un plain-chant flatteur ,
Avec les Saints vous redirez en chœur :
Jefus eft bon ; fon mérite eft extrême ,
Au tour de lui que je vois de grandeur !
Qu'il eft divin ! Ah ! combien Monfeigneur ,
En Paradis , eft content de lui-même !

    Sanfpain , orné d'un trifte vêtement ,

Les yeux baiffés cheminait lentement
Vers le bûcher , fuivi du faint Office ;
Pour s'amufer dans fes mains il branlait
Un Crucifix , fecourable hochet ,
Qu'on donne aux gens que l'on mene au fupplice ,
Et qu'un Voleur porte jufqu'au gibet ,
Pour honorer l'Eternel & l'Eglife.

    Toi , qui chantas le fils du vieil Anchife ,
Peintre élégant des malheurs d'Ilion ,
Viens me prêter ces cyprès dont Carthage
Vit décorer le tombeau de Didon ;
Viens , s'il eft vrai , que le fombre rivage
Troubla fon onde au bruit de tes accords ,
Infpires-moi ton fublime langage ,
Un même objet doit effrayer les morts.

    Aline accourt , une pâle trifteffe
De fon beau teint efface les couleurs ;
Sanfpain la voit , Aline eft fa maîtreffe ,
Le défefpoir a confondu leurs pleurs.
Le tendre inftinct , fur l'autel de l'enfance ,
Avait reçu leurs innocens foupirs ,
Depuis cinq ans les feux de la conftance
Brûlaient leurs cœurs , éclairaient leurs plaifirs.

    Aline eft belle , & Pfiché l'eft moins qu'elle ;
Chaque printemps , une grace nouvelle
Arrondiffait , fous les doigts de l'Amour ,
De fon beau fein l'agréable contour :
Phriné jamais au fier Aréopage
N'offrit un fein paré d'autant de fleurs ,
Gorge d'Aline , on trouve ton image ,
Et ta beauté peintes dans tous les cœurs.

    Les yeux remplis d'amour & de vengeance ,
Vers les foldats la jeune Aline avance.
Un fer pefant armait fa faible main :
Tygres , dit-elle , affamés de carnage ,
Affouviffez votre brutale rage ,

Prenez ce glaive, enfoncez-le en mon fein ?
C'eft dans mon fang qu'il faut lever l'outrage
Que la Chandelle a reçu de Sanfpain ;
Ce n'eft pas lui, c'eft moi qui fis le crime,
De mes appas fon cœur fut la victime ;
Il m'adorait, ce malheureux amour
Caufe fa perte & la mienne en ce jour.
Près de ces bois où l'Aurore fidelle,
Chaque matin, dans un char de vermeil,
Ouvre les Cieux aux courfiers du Soleil,
Je vis Sanfpain, d'une flûte nouvelle
Il effayait les agréables fons ;
Auprès de lui j'amenai mes moutons,
Il me jura, fur fa lyre immortelle,
De ne porter d'autres fers que les miens ;
A nos fermens l'Amour mêla le fiens.
Mon fein couvert de fes baifers de flamme
Mes tendres bras ouverts à fes defirs,
La volupté, l'Ivreffe & les plaifirs,
De leurs bienfaits environnaient fon ame.
Tant de bonheur égara fa raifon,
Pour me chanter, dans fa folie extrême,
Il démeublait l'olympe & l'horizon,
Junon, Vénus, l'aftre du jour lui-même
N'avaient l'éclat dont il ornait mes yeux :
Les Dieux, Aline, ont peint fur ton vifage
Et mon amour & la beauté des Cieux,
Mon tendre cœur pour garder ton image,
S'il le fallait, renoncerait aux Dieux.
A ces accens, connaiffez la folie.
Son crime, hélas ! n'était point dans fon cœur ;
Sa faible tête a caufé fon malheur.
Sauvez mes jours en lui fauvant la vie ;
A vos bienfaits je devrai ce bonheur.
    Tes yeux, Aline, un pouvoir invincible
Changent les cœurs des farouches foldats,

L'humanité , pour fe rendre fenfible ,
Avait befoin de tes puiffans appas ;
A fon afpect , ou plutôt à tes charmes ,
Trente Guerriers ont vu tomber leur armes ;
Et ton Amant s'échappait de leurs bras ;
Quand tout à coup un Prêtre fanguinaire ,
L'Inquifiteur , d'un regard menaçant ,
Vint aux foldats infpirer fa colere :
Faibles Chrétiens ! lourds enfans de la terre ,
Vous reculez ... craignez le Dieu vivant.
Quoi ! les attraits d'une faible bergere
Ont pu toucher vos indomptables cœurs ?
Vos fens durcis aux horreurs de la guerre ,
Sont agités , vous répandez des pleurs ?
A votre foi Dieu remet fa vengeance ,
Vous le craignez , vous n'ofez le fervir.
Oubliez-vous ce que peut fa puiffance ?
Lâches , tremblez ! ce Dieu va vous punir.
　　A ce difcours , la troupe fanguinaire
Sent ranimer fa premiere valeur ;
Ainfi jadis écunement de colere ,
Dans le défert , Moïfe avec fureur ,
Encourageait le barbare Lévite :
Tel dans les champs des enfans d'Ifraël
On vit encor le prêtre Samuel ,
La hache en main , d'un bras ferme & cruel ,
Trancher les jours d'un Prince Amalécite.
　　De fon Amante on arrache Sanfpain.
En fa faveur aimable Aline , en vain
Tu fais parler tes pleurs & ta faibleffe.
Sur le bûcher un Soldat inhumain
Vient d'attacher l'objet de ta tendreffe ....
Arrête , monftre ... ah ! comment ! un Amant ?..
Aline , ô Ciel! Aline en ce moment
Sur le bûcher fubitement s'élance :
Sanfpain connais l'amour & la conftance ,

Bénis le Ciel, ta flamme & le deftin,
Aline vient expire fur ton fein ;
Ouvres ton ame à fes douces careffes.
Bravons la Mort dans les bras de l'Amour,
Son fer tranchant peut nous ôter le jour ;
Mais nos deux cœurs font le feules richeffes
Que fa fureur ne puiffe nous ravir ;
Mourons Amans, puifqu'il nous faut mourir.
Ce feu, ce bois, ce funebre appareil
Ne peut troubler l'ame égale du Sage,
La fiere Mort n'eft pour nous qu'un fommeil
Dont notre vie a commencé l'image.
Que nos foupirs dans ces derniers momens...
    Déjà la flamme entoure nos Amans ;
Le jour s'éteint, l'aftre de la lumiere
Vers l'Orient recule épouvanté,
L'onde en tremblant s'éloigne de la terre,
Le froid Nord-Eft de fon fein redouté
Laiffe échapper les enfans d'Orythie :
Ainfi jadis jouant la tragédie
Devant Jacob, fur le mont Golgota,
Le premier né des enfans de Marie,
Du faint Efprit & du vieux Jéhova :
Vit le Soleil fe couvrir de nuages,
Du fein de l'Arche éclater les orages,
Et Lachéfis déchirer de fa main
Le voile épais qui couvrait le lieu faint.

CHANT XVII.

Amours honnêtes dè Jean Tirefort. Naiſſance du Curé de Lambre.

PRES de ces champs que la Scarpe environne,
Vers ces côteaux où Cérès & pomone
Vont moiſſonner ces fruits délicieux
Qu'on voit mûrit ſur le ſein de l'Automne ,
Eſt un Village antique & cher aux Dieux.
Lambre eſt ſon nom , (1) ſous ces tranquilles
    Cieux ,
 Un Brabançon , la fleur de ſa Province ,
Vivait alors , c'était un Cordonnier ;
Mons Tirefort , était le nom du Prince ;
Ce nom brillant allait à ſon métier.
Or , le Héros , talent qui n'eſt point mince ,
Adroitement relevait un quartier ,
Poiſſait ſon fil , affilait l'alumelle ,
D'un bras nerveux poliſſait la ſemelle ,
Et mieux qu'un Ange il faiſait un ſoulier.
 Près du château , ſous un vieux toît gothique ,
S'élève un Louvre au travail conſacré ,
L'ordre Toſcan , l'ornement Ionique ,
Ne chargent point cette demeure antique :
Un mur obſcur de vingt bottes paré ,
Soùtient ſans faſte une ſombre boutique.
Là Tirefort , l'honneur de la manique ,
Sur un treteau , juché ſur trois bâtons ,

---

(1) Lambre , Village du Diocèſe d'Arras , où était anciennement le Château des Rois de la premiere Race.

           Dreſſa

Dreſſa ſon trône, où donnant audience ,
Comtes , Seigneurs ; Marquis , riches Barons,
D'un air ſoumis lui montraient les talons.
Terrible & ferme était ſa contenance ,
Son bras armé d'un acier menaçant ,
Aurait bravé , ſous les yeux du Divan ,
Le Grand Viſir & les fiers Janiſſaires.
Henri , d'Eſtrée & Monſieur Ferdinand ,
Et les Anglais , ces braves Inſulaires ,
Pas ne maniaient le tranchet comme lui.
Son tire-pied était ſon ſeul appui.
Des Rois fameux il ne craignait la chûte ,
Cent fois ſon trône aurait fait la culbute ,
Jean le pouvait redreſſer à l'inſtant ,
Quel Souverain en pourrait faire autant ?

 Pour égayer les ſoucis du ménage ,
Mons Tirefort avait à ſon uſage
Fille à croquer & faite pour l'amour :
Si la Bergere était ſans pucelage ,
Ce n'était rien , elle avait en retour
Deux yeux frippons , un ſéduiſant corſage ,
Un jupon court , il n'était point peſant.
Fort ſe vêtir quand on fait ſon ouvrage ,
On le ſent bien , c'eſt trop embarraſſant.

 Loin de l'ennui qui tourmente le ſage ,
Jean fêtait Anne en tout bien , tout honneur.
Dans ſes amours le Sire eut du malheur ,
Car ſa moitié , vicieuſe Mégere ,
Sur certain point était un peu ſévere.
Fort ſur ſa bouche elle aimait le devoir :
Jean la trichait , alors il fallait voir
Comme on criait ♦ mon Ami , diſait-elle ,
Vous l'avez drôle & vous rattez ſouvent :
Tel que le chien de feu Jean de Nivelle ,
Vous le fuyez quand mon cœur vous appelle.
Quel ſacrilege ! ô mon Dieu , quel tourment !

        M

Pourquoi porter le pain du Sacrement
Hors de chez nous , j'ai payé le Notaire ;
Un maudit jour , Monfieur notre Vicaire ,
Pour quatre francs joints à deux efcalins (2)
A fait , je crois , en nous ferrant les mains ,
Un nœud coulant qui m'a traduite en femme.
Le Ciel le fait , cent fois au fond de l'ame
J'ai bien maudit les quatres mots latins ,
Dont le Vicaire embarraffa ma flamme.
Ah ! cher ami , pour Dieu corrigez-vous ,
Quel chien de train ! hélas ! fi les épo**
Vivaient ainfi , femme fort mal à l'aife
Verraient le jeûne affamer leur maifon.
Un Cordonnier vit-il à la françaife ?
Etes-vous fait pour être un greluchon !
Abandonnez , & Perette & Fanchon.
Ne fouillez plus la candeur de ma couche :
Vous connoiffez la légende & la loi ,
Pas ne devez chommer d'autre que moi :
Si dans mon temps mon ame peu farouche
Vous captiva par fes tendres faveurs ;
Faut-il , fi-tôt oublier ces douceurs.
Il m'en fouviens , quand j'étais vertueufe …
Je n'ofai point …. je fuis trop fcrupuleufe…..
Ah ! fur ton front prens garde on pourrait bien.
Eft-il bien vrai que Jeanne ne fit rien.

  Jean Tirefort n'écoutait point fa femme ,
Près de l'objet qui captivait fon ame ,
Soudain allait oublier fa chanfon.
Hélas ! comment aux pieds d'une maîtreffe
Se fouvenir d'un ennuyeux fermon.
Laiffons en paix refpirer la faibleffe ,

---

(2) Dans le Pays d'Artois & dans le plat-pays
des *Patards* ou compte encore par efcalins.

Nos jours trop courts on besoin de plaisirs ;
Dans notre cœur le sentiment sans cesse
Parle tout haut par la voix des desirs,
Si de ses cris la sagesse murmure,
Sans l'écouter , rions de son erreur.
Le tendre Amour , l'instinct de la Nature.
Dit Tirefort , est la loi de mon cœur.

O champs des airs ! écartez vos nuages ;
Brillante Aurore ! enflammez l'horizon ;
Enfans bourrus du vieux Septentrion ,
Tremblant Norwege , & rapide Aquilon ,
Fuyez , volez sur l'aile des orages ,
Allez regner sur les glaces du Nord ,
Le tendre Amour , paraît sur nos rivages ;
Son char doré , descend cher Tirefort.
Les Alcyons , soudain vont reparaître ,
Le gai Printemps , à sa voix va renaître ,
Flore & Zéphir , font déja de retour.
Fils de Latone ! ô Dieu brillant du jour !
Echauffes-toi des regards de ton maître ,
Et rend aux fleurs , la chaleur de l'Amour.

Entre les bras de la fringuante Annette,
Couvert des lis , qui couronnent Paphos ,
Jean , l'heureux Jean , d'une ardeur satisfaite ,
Goûtait en paix l'agréable repos.
Sur le sein blanc , où son ame respire ,
Son front galant ne rougit point d'aimer ;
Quand pour Annette un Dieu même soupire ,
Qui rougirait de se laisser charmer ;
Tendre union , tes plaisirs ont leur source ,
Dans les beaux nœuds dont les cœurs sont épris.
Belle & sensible Aréthuse , en sa course ,
Contemple encor ces nœuds toujours chéris ;
Un Dieu la suit , triomphe & l'environne ,
L'aimable Alphée , est vainqueur de ses sens ;
Et l'urne enfin , que l'Amante couronne,

M 2

Eſt l'heureux prix qui flatte les Amants.
O tendre Amour ! d'une chaîne éternelle ,
Attache Annette au ſort de l'heureux Jean.
Dieu des pavots , qui ſommeilles prés d'elle ,
N'offre à ſon cœur qu'un ſonge ſéduiſant ;
Et toi , plaiſir , ſous ton aîle immortelle ,
Aux yeux jaloux , cache ſon ſein brûlant.
Annette craint une épouſe cruelle ,
Jean craint d'ouir un reproche éclatant ;
A ſes regards , dérobe ſon Amante ,
A ſes deſirs , voile l'heureux Amant.
　　En cultivant les champs de l'innocence ,
Tous les neuf mois , l'on recueille des fruits.
Jean fut heureux : ſa terre eut de la chance :
Au terme fixe , Anne accoucha d'un fils.
Un Magiſter éleva ſon enfance :
Un Cordelier ſe chargea de ſes mœurs :
Entre les mains de ces cultivateurs ,
Il fut ſavant comme on l'eſt dans la Flandre ,
En latin plat , un ſavant érudit ; (3)
Très-bien ſoutint , même ſans les entendre ,
Theſes , logique , argumens ſans eſprit.
Tant de ſavoir étonna ſon village ;
Dans ſon pays on s'étonne de rien ;
Qui fais bien boire , y paſſe pour un ſage ,
Qui paye à boire , eſt un homme de bien.
Quand on eſt bon , on n'eſt point difficile.
Or donc , Jeannot furieuſement habile ,
Sachant ſigner , connaiſſant ſes deux mains ,
Eut des amis & des Patrons fort bêtes :

_____

(3) Il étudia dans la pitoyable Univerſité de Douai , où les Docteurs ſont plus ſots , plus ignorans & plus vains que dans les autres Académies du Royaume.

Car les Flamands font tous de bons humains.
Dans Lambre alors étaient deux fortes têtes „
L'une , dit-on , en propre appartenait ,
A Pénillon , le Greffier de l'endrait.
Homme favant , il ne favait point lire ;
Et cependant , quand il faillait écrire :
Signer fon nom , il faifait une croix.
L'autre cervelle appartenait , je crois…
M'en fouvient-il .. au Baillif du village „
George Bondon , ladre , chiche & vilain.„
Au demeurant , très-grave perfonnage.
Quand il chantait le dimanche au lutrin.
Par leurs moyens , Jeannot obtint la Cure
De fon village ; une belle figure
Parlait pour lui , cela parle fouvent.
De cet objet femme eft toujours éprife „
Et rarement d'un mérite éclatant.
    De fon métier , notre Curé content ,
Comme il pouvait , gouvernait fon Églife „
Prêchait fort mal , quoique de tout fon mieux.
Point ne penfait à conquérir les ames :
Mais pour la dîme , il était fcrupuleux „
Il la prenait fur le lin „ fur les œufs ,
Sur les moutons & fur-tout fur les femmes.
On en comptait jufqu'à quinze au Curé „
Encor d'Amour était-il dévoré.
Que voulez-vous ? la chair nous eft contraire ?
Son aiguillon dans un Célibataire „
Eft violent , il faut purger fes reins.
Dans les Couvens „ j'ai connu bien des Saints „
Ceints du cordon , vêtus du fcapulaire „
Avoir encor bien des démangaifons.
Hélas , bon Dieu ! la chair a des raifons „
Et des befoins , à la vertu févere….
Mieux conviendrait plus fouvent de fe taire „
Que de troubler les plaifirs d'un pécheur.

Dans son logis , le tranquille Pasteur ,
Choyait encore une beauté naissante :
C'était Lison : Lison était servante ,
Pour la parade & le jour seulement ;
Mais pour la nuit , Lison était maîtresse.
Son front paré des fleurs de la tendresse ,
Embellissait un minois séduisant :
Dans son air tendre on voyait la finesse ,
Ses yeux lançaient les rayons du plaisir ,
Sur son beau sein , voltigeait le desir ;
Un pied mignon , une jambe élégante ,
Un teint , un front , une main caressante ,
Des reins puissans , & deux globes unis :
Voilà mes Dieux ! voilà mon Saint Denis !
Eût dit Arnaud , en voyant son derriere ;
Jadis Manon , la chaste Chambriere ,
D'un Rôtisseur , avait le cul fort beau : *
Paris connaît le Cantique nouveau ,
Dont Baculard honora les deux fesses.
   Belle Lison , gémis de tes appas ,
Ton fier Amant méprise tes caresses ,
Un autre objet va voler dans ses bras ;
Le Ciel cruel ... La Chandelle d'Arras ...
Le tendre Amour ,.. Javote ... une pécore ....
Arrête , Muse , attendons que l'Aurore ,
Dans nos Vergers , sur le beau sein de Flore ,
Ait réveillé les Zéphirs endormis ;
C'est le matin que Phœbus voit éclore ,
Avec les fleurs , les Amours & les ris.

---

* Tout Paris connaît la belle Epître de M.
Arnaud au joli cul de Manon , où l'on trouve ces
beaux Vers.
    Ce cu divin , ce cu vainqueur ,
   Il a des autels dans mon cœur.

CHANT XVIII.

Le Diable va trouver Javote. Le Curé.
Jeannot fait voir à Javote la Chan-
delle d'Arras.

UN pucelage eſt un grand avantage,
Ce joli bien eſt un préſent des Cieux ;
Pour le détruire il fut fait par les Dieux :
Un ſot le garde, il leur en fait hommage ;
Le ſot a tort, Amour, je fus plus ſage ;
Dans mes beaux jours j'ai cueilli cette fleur.
Toi, qui regnas trop long-temps ſur mon cœur ;
Te ſouviens-t-il, inconſtance Glicere,
Quand vers la Loire uniſſant nos deſirs,
Ton ſein, couvert de roſe & de fougere,
Vint ſur le mien répandre les plaiſirs.
Moment heureux, que tu m'es cher encore !
Le jour tombait, au fond de ce jardin,
Près d'un ruiſſeau, ſous ce beau Sycomore,
S'il m'en ſouvient, je penſe que l'Aurore
Nous eût ſurpris encor le lendemain ;
Mais par malheur, c'était un jour de fête,
Liſe à Colin avait promis ce jour ;
L'heureux berger vint chercher ſa conquête,
L'amour, hélas ! fit du tort à l'amour.
   Depuis ſix mois, grace à la Providence,
Qui donne encor bon exemple aux méchans,
Dans Lambre était un tréſor d'innocence,
C'était Javote, elle avoit quatorze ans.
Quelle ſaiſon ! un tréſor à cet âge
Fait grand plaiſir, & je crois que le Sage
L'aimerait mieux qu'un tréſor de trente ans.
Mais en ce ſiecle où trouver de enfans ?

On grandit vîte , & puis le pucelage
Grandit aussi : ne perdons pas le temps.
A le chercher , cette fleur est si rare.
Anciennement on était fort avare ,
On reculait les desirs des amans.
Anciennement les gens étaient fort bêtes ;
Des bracelets , des cheveux & des fleurs
Aux amoureux tenaient lieu de conquêtes ,
Mais dans ce siecle en moissonnant les cœurs
On est jaloux d'avoir les dépendances ;
Aux soins constans on doit des récompenses ,
Le tendre Amour est le Dieu des faveurs.
    Javote donc était une pécore ,
Peur de le perdre , elle tenait encore
De ses deux mains son gentil sérieux ,
Et de l'endroit n'osait lever les yeux.
A quatorze ans une fillette sage ,
Comme un bijou , garde son pucelage.
S'il était prit , on croirait tout perdu ,
Ah ! qu'on est sot avec de la vertu.
    De la Terreur cette jeune innocente ,
Etait la fille , & chez Barbe sa tante ;
Depuis six mois Javote demeurait.
Depuis ce temps le Curé la trouvait
Fort de son goût ; mais la tante cruelle.
Dans son logis tellement la tenait
Qu'aucun amant n'osait approcher d'elle :
Tel autrefois , sous la garde fidelle
D'un vieux serpent , Colchos vit la toison.
Barbe vingt fois valait mieux qu'un Dragon ,
Force n'est rien , mieux vaut l'expérience ;
Barbe jadis . . . je crois , vers les treize ans.
Avait laissé ravir son innocence.
Moines , Soldats. Robins , Négocians ,
Et tant d'Abbés , Dieu seul en fait le nombre...
    Jusqu'à quinze ans , Javote sans encombre ,

Sous l'œil de Barbe eût gardé son honneur,
Si Barbe avait étouffé dans son cœur
Les mouvemens d'un orgueil indocile.
Ingrate & fiere aux bontés du Seigneur,
Dans les vertus de sa jeune pupille
Point ne connut la main du Tout-puissant.
De tant d'orgueil Dieu pour punir la tante
Permit au Diable (il lui permet souvent
De nous tenter, & le Diable nous tente.)
Il permit donc, à l'Ange séducteur,
De s'escrimer avec la jeune niece.
Contre un Démon que peut une jeunesse ?
Ma foi c'est trop, n'en déplaise au Seigneur,
A quatorze ans donner au tentateur
La liberté de perdre l'innocence ;
Passe à l'amant, s'il aime avec constance :
On gagne un cœur en perdant une fleur.
    Pour mieux tromper cette jeune innocente,
Le Diable prit la livrée indigente,
L'œil égaré, le minois d'un Rimeur.
Un justaucorps, dont le taille infidelle,
Prend aux mollets & commence à l'aisselle,
De ses lambeaux couvrait un long pourpoint.
Ce négligé, d'un pesant Bourguemestre
Lui donnait l'air & l'épais embonpoint.
Les nudités du Paradis terrestre
D'une culotte ébrechée, où le jour
Perçait par-tout, étalaient leur misere.
Un grand Castor dont le vaste contour
Avait jadis embelli Despautere,
Ornait son chef de ses derniers débris ;
Ce feutre usé collé sur ces sourcils
Donne à sa mine une fierté nouvelle.
Le Diable ainsi va chez la Jouvencelle,
Hurlant les vers, soufflant comme le Kain
Très-gravement ce discours il lui tint :

Réjouis-toi ! chante , belle Javotte !
Ton pere heureux , vainqueur de Nulfifrote ,
Va de ton nom illuftre la fplendeur ,
Et de l'Artois relever la grandeur.
Le temps n'eft plus , où la brutale envie
De fes accords dérangeait l'uniffon ,
Aux *raclemens* de fon dur violon
Le Ciel fenfible a vu pleurer Marie.
Harpe d'Orphée ! ô lyre d'Amphion !
N'afpirez point à fa gloire éclatante ,
Titon en vain vous chantez votre amante ,
Rival des Dieux , heureux Endimion ,
Ne vantez plus les faveurs de Diane.
Un feu plus pur , un myrthe moins profane ,
Vont couronner le fauveur de l'Artois ,
La grace parle , & Marie à fa voix
Vole à l'inftant , dans les mains de ton pere
Elle remet le flambeau falutaire
Qui doit fauver un peuple malheureux.
Quitte , Javotte , au plutôt cette couche ,
Où le Zéphir dérobe fur ta bouche
Ces doux baifers que jaloufent les Dieux ;
Hâte tes pas & vole au Presbytere ,
Un faint Curé , le guide du pecheur ,
T'expliquera ce glorieux Myftere ,
Et fa Chandelle échauffera ton cœur.
　　La Jouvencelle en furfaut fe reveille
Brûlant déja d'admirer la merveille
Dont le Démon vient de flatter fes fens ,
Soudain s'habille. Une fimple parure ,
De douces fleurs lui fervent d'ornemens ;
Sur fon beau fein qu'embellit la nature ,
Où foupirait l'amour & le printemps ,
Sont deux boutons : ces rofes pour éclorre
N'attendent point les careffes de Flore ,
Les foins des Dieux , le fouffle du Zéphir

Un doux baiser, une main careffante,
Et le plaifir les font épanouir.
    A fon Pafteur, Javotte fe préfente.
Galant Jeannot, quel fpectacle t'enchante?
Enveloppé fous un large mouchoir
Du lin très-fin, Javotte te fait voir
Un col de neige, une gorge d'albâtre;
Un Saint Antoine en ferait idolâtre.
Si le Démon tentant jadis ce Saint,
Eût à fes yeux offert un fi beau fein,
Le Solitaire aurait fait des merveilles;
Son froid pendant, malgré fes longues veilles,
Un jeûne auftere, eût clandeftinement
jufques au Ciel levé fon front fuperbe:
Tel dans nos champs, enfeveli fous l'herbe,
A la chaleur s'éveille le ferpent.
    Ouvre, Jeannot, ton cœur à l'efpérance,
Javote vient t'offrir fon innocence;
Si tu pouvais par art ou par crédit,
La pourvoyer d'un peu d'intelligence,
Bien lui ferait...car elle eft fans efprit....
L'efprit.... l'efprit.... eft-ce l'efprit qu'on baife?
Au demeurant fillette un peu niaife,
En eft plus propre aux myfteres d'Amour.
    Jeannot furpris, dit en voyant la belle:
Quoi! c'eft Javote! ô Ciel! avant le jour!
Que voulez-vous? parlez, gente pucelle;
Mieux vous conviennt un jeune Confeffeur
Qu'un vieux barbon froid & mélancolique,
Qui ne peut plus aider un tendre cœur;
Sa main tremblante oncques, dit-on, n'ap-
        plique
Bien comme il faut le baume évangélique
Mais fiez-vous à ma robufte main,
Plus fermement que le Samaritain,
Je panferai votre fraîche bleffure.

Foi de Pasteur, je suis sûr de la cure.
Dans mes fureurs je puis certainement
Huit à dix fois, ma chere, adroitement
A votre mal appliquer la compresse.
　Hélas! Monsieur, point ne viens à confesse,
Bien vous savez, le bruit court dans Arras
Qu'un saint Flambeau brûle & ne s'éteint pas;
Marie, on dit, l'a remis à mon pere;
Je voudrais voir cet astre salutaire,
Le révérer, le baiser saintement.
Bonne pensée! oui, c'est Dieu sûrement
Qui vous la donne, & sa grace, ma chere,
Avant de voir ce sacré Luminaire,
Veut d'un mouchoir que l'on couvre vos yeux;
Car l'Éternel, contre deux curieux,
Fit dans Eden éclater sa colere:
Rien ne verrez, mais vous sentirez bien;
Vîte, au plutôt, mettez-vous en priere;
Faites sur vous le signe du Chrétien,
Invoquez Dieu, priez Monsieur Saint Pierre,
Saint Guinolet, Saint Jacques le Majeur.
　Javote prie, aussi-tôt le Pasteur
Prend le mouchoir dont la toile légere
Couvrait sa gorge, & lui bande les yeux.
Quel sein, grand Dieu! ce beau sein dans les
　　Cieux....
Longtemps Jeannot le contemple & l'admire,
Vingt fois sa main.... vingt fois son cœur sou-
　　pire,
A tant d'appas reste-t-on sans desir;
Las d'admirer, & pressé de jouir,
Sur un fauteuil Jeannot pousse Javote,
Subtilement lui souleve la cotte.
Dieux! qu'a-t-il vu? que d'appas enchanteurs!
Sous un bosquet, d'où coule une fontaine,
Où chaque mois le doux printemps ramene,
　　　　　　　　　　　Pour

Pour nos plaifirs, l'abondance & les fleurs,
Il voit un trou, le joli précipice !
Ce n'était point le trou, de Saint Patrice,
C'en eft un autre ; en ce moment preffant,
Javote, hélas ! à fon corps défendant,
Se laiffe faire avance la croupiere,
Et par trois fois remuant la charniere,
Elle enfonça la Chandelle d'Arras.

Saint Lampion ! s'écria la pucelle ;
Vous me brulez, que vous avez d'appas !
Divin Pafteur ! n'arrête point ton zèle,
Enfonce encor, fi tu peux, la Chandelle . . . .
Oh ! je me pâme . . . ô féduidant plaifir !
Mon cœur s'en va . . . Jeannot . . . je vais mourir . . .

Six fois Jeannot de fon fier luminaire
Fit à Javote éprouver la colere ?
Six fois la flamme alla jufqu'à fon cœur
Du doux plaifir répandre la chaleur.

Jeannot fut làs ; toûjours le même ouvrage
Fatigue trop ; on nous dit que le fage,
L'inftant d'après, s'endort fur le métier :
Qui peut tenir ? fans doute un muletier.
Ces gens font forts, rudes de corpulance ;
Mais cependant, fans le Ciel & les Saint,
En travaillant ils fe rompraient les reins ;
La foi fait tout, Dieu leur donne affiftance,
Il en faut bien quelquefois aux pécheurs.

Javote enfin retrouvant la lumiere,
D'un air ému regarde fon Pafteur,
Lui dit : comment ton dévot luminaire
Eft-il éteint ? quoi ! le plaifir trompeur
Abufe-t-il de ma faible croyance ?
Quoi ! tu ne peux ? parle, l'intelligence
De fes rayons vient d'éclairer mes fens.
Ne faurais-tu rappeller ces inftans . . . .
Qu'eft devenu a chaleur de ton zéle ??

NN

Arras nous dit que la fainte Chandelle
Brûle toujours, & la tienne s'éteint.
　　Confole-toi, Javote, & viens demain,
Je te promets une fête nouvelle,
On veut toujours, on ne peut pas toujours ;
Bonheur, plaifir, dans ce monde, tout paffe ;
Et ma Chandelle eft ainfi que la grace ;
Elle a des temps pour choyer les amours ;
Mais dame, encor elle a bien des vigiles,
Des quatre temps & des fêtes mobiles :
Toujours brûler & ne s'éteindre pas
Eft une fable, on la croit dans Arras.
　　Belle Zéphire, ô toi ! que ma Chandelle
Embeliffait dans les champs de Berlin ;
Toi ! que l'Amour unit à mon deftin,
Et que mon cœur trouva toujours fidelle.
Reçois ces vers compofés dans tes bras,
A tes faveurs ils doivent leur naiffance,
Viens leur prêter l'éclat de tes appas,
Et les orner du feu de ta conftance.
Puiffe ce feu, comme celui d'Arras,
Toujours brûler & ne s'éteindre pas.

F

www.ingramcontent.com/pod-product-compliance
Lightning Source LLC
Chambersburg PA
CBHW052103090426

42739CB00010B/2298